초등학생을 위한 자연 관찰 탐구서
관찰은 나의 힘

초판 4쇄 발행일 2024년 12월 18일
초판 1쇄 발행일 2019년 10월 18일

지은이 임권일
펴낸이 이원중

펴낸곳 지성사 출판등록일 1993년 12월 9일 등록번호 제10-916호
주소 (03458) 서울시 은평구 진흥로 68, 2층
전화 (02) 335-5494 팩스 (02) 335-5496
홈페이지 www.jisungsa.co.kr 이메일 jisungsa@hanmail.net

ⓒ 임권일, 2019

ISBN 978-89-7889-425-8 (73470)

잘못된 책은 바꾸어 드립니다. 책값은 뒤표지에 있습니다.

초등학생을 위한 자연 관찰 탐구서

관찰은 나의 힘

글·사진 **임권일**

지성사

들어가는 글

왜 관찰이 중요할까?

창밖 너머 앞마당에 분홍색 코스모스가 활짝 피었다.
꽃 주변으로 꿀벌이 쉴 새 없이 날아다닌다.
땅바닥 위로는 개미들이 먹이를 열심히 옮기고 있다.
빨랫줄에는 참새들이 앉아서 쉬고 있다.

창문 밖으로 펼쳐진 앞마당의 모습이에요. 이 작은 공간에도 많은 생명들이 살아가고 있다는 것을 알 수 있어요. 하지만 책상 앞에 앉아 멍하니 창밖을 본 사람의 눈에는 꽃으로 날아든 나비나, 먹이를 나르는 개미나, 빨랫줄에 앉은 참새가 보이지 않았을 거예요. 그저 눈만 뜨고 있었을 뿐 관찰을 하지 않았기 때문이에요. 아무런 생각 없이, 아무런 목적 없이 그냥 보는 것은 관찰이 아니에요. 관찰은 분명한 의도를 가지고 대상을 들여다보는 거예요. 창밖에 무엇이 있는지 알아보려고 관찰을 했다면, 창밖 풍경과 그곳에서 살아가는 수많은 생명의 움직임이 보였을 거예요.

　우리는 관찰이라는 말을 자주 써요. 하지만 대부분 과학 시간에나 쓸 뿐 일상생활에서는 거의 사용하지 않아요. 수업 시간에는 의도적으로 수업 대상을 들여다보기 위한 연습을 하지만, 일상에서는 관찰하려고 하지 않지요. 그래서인지 관찰을 중요하게 생각하지 않는 경우가 많아요. "그냥 대충 살면 되지, 뭘 그렇게 피곤하게 살아!" 이렇게 말할지도 몰라요. 하지만 관찰 습관이 여러분의 미래를 180도 바꿀 수도 있어요. 왜냐하면 관찰은 평소 남들이 보지 못하는 것을 보고, 듣고, 만지고, 느낄 수 있게 해 주니까요. 그리고 그것은 새로운 생각과 발견을 할 수 있다는 말과 같으니까요. 남들이 하지 못하는 창의적인 생각의 밑바탕에는 바로 관찰이 숨어 있어요.

　이렇게 관찰의 중요성을 말하면 어떤 친구들은 관찰이 아주 어려운 것으로 생각할지도 몰라요. 관찰을 하려면 거창한 기술과 많은 노력이 필요하다고 말이지요. 하지만 관찰은 많은 시간이 들어가는 것도, 큰돈이 필요한 것도, 고난이도의 기술을 익혀야 하는 것도 아니에요. 관찰은 우리가 사소하게 접하는 일상 속 작은 부분에서부터 시작돼요. 주변에서 일어나는 현상과 사물에 조금만 더 관심을 기울이고 새로운 모습을 보려고 노력해 보세요. 그런 작은 행동들이 모여서 위대한 관찰 습관을 형성할 수 있답니다.

이 책을 쓴 목적은 여러분이 관찰의 중요성을 알고, 나아가 올바른 관찰 습관을 가질 수 있도록 하기 위함이에요. 몸에 한번 밴 습관은 나이가 들면 좀처럼 바뀌지 않아요. 그래서 먼저 관찰을 시작한 경험자로서 관찰의 자세와 주의할 점 등을 비롯해 더 나은 관찰을 하기 위해 어떻게 해야 하는지를 알려주고 싶어요. 특히 책에 수록한 관찰 대상은 대부분 자연 속 생물들이어서 생명을 보호하고 소중히 여기는 마음을 기를 수 있게 하는 데에도 신경을 많이 썼어요. 여러분이 이 책을 통해 관찰 감각을 키우고, 세상을 보는 눈과 힘을 기르면 좋겠어요.

임권일

차례

들어가는 글_왜 관찰이 중요할까? ··· 4

관찰에 필요한 도구들 ··· 10

01 관찰의 힘

아무것도 보이지 않는다고? ··· 15

처음에는 관찰이 어려워 ··· 20

눈에 보이는 것이 전부일까? ··· 26

관찰은 요령을 익히는 것이 아니야 ··· 31

눈높이를 맞추고 자세히 들여다봐야 해 ··· 35

딱 아는 만큼만 보여 ··· 43

아무도 관심 갖지 않는 곳을 찾아봐 ··· 48

관찰은 밤낮을 가리지 않아 ··· 54

뚜렷한 목적이 필요해 ··· 60

개성적인 특징을 잘 파악해야 해 ··· 66

거리가 중요한 게 아니야 ··· 74

우연한 만남의 순간을 놓치지 마 ··· 79

서서히 변해 가는 대상을 관찰해 봐 ··· 86

관찰은 치열한 기록의 과정이야 ··· 92

관찰에서 새로운 생각이 나와 ··· 100

02 무엇을 어떻게 관찰할까?

집과 학교에서 볼 수 있는 친구들

일본왕개미 …108 | 공벌레 …110 | 은행나무 …112 | 곰팡이 …114 |
왕귀뚜라미 …116 | 제비 …118 | 솔방울 …120

숲(나무, 풀숲, 꽃 주변)에서 볼 수 있는 친구들

넓적사슴벌레 …124 | 흰개미 …126 | 거위벌레 …128 |
도깨비바늘 …130 | 흰띠거품벌레 …132 | 왕사마귀 …134 |
삽사리 …136 | 무당벌레 …138 | 장수풍뎅이 …140

계곡(상류)에서 볼 수 있는 친구들

애반딧불이 …144 | 산개구리 …146 | 플라나리아 …148 | 도롱뇽 …150 |
가재 …152 | 무당개구리 …154 | 옆새우 …156

들판(논, 밭)에서 볼 수 있는 친구들

땅강아지 …160 | 폭탄먼지벌레 …162 | 무당거미 …164 |
도꼬마리 …166 | 별늑대거미 …168 | 강아지풀 …170 | 참개구리 …172 |
양봉꿀벌 …174 | 호랑거미 …176 | 청개구리 …178 |
톱다리개미허리노린재 …180

하천(하류), 둠벙(개울, 저수지, 연못)에서 볼 수 있는 친구들

게아재비 ···184 | 장구애비 ···186 | 연 ···188 | 송장헤엄치게 ···190 |
마름 ···192 | 피라미 ···194 | 생이가래 ···196 | 애소금쟁이 ···198 |
해캄 ···200

바닷가(갯벌)에서 볼 수 있는 친구들

농게 ···204 | 엽낭게 ···206 | 갯강구 ···208 | 쇠백로 ···210 |
노랑부리저어새 ···212 | 흰물떼새 ···214 | 큰고니 ···216

03 부록

탐구 대회 보고서 ···220 | 탐구 대회 발표 자료 ···238 | 관찰 일지 ···240

참고한 자료 ···241
찾아보기 ···246

관찰에 필요한 도구들

자연을 관찰하고 기록하려면 관찰 도구가 있어야 해요.
여러 가지 관찰 도구를 이용하여 우리 주변(학교 운동장, 화단 등)에
사는 생물들을 관찰해 볼까요?

 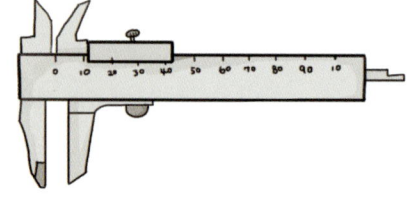  

돋보기   버니어 캘리퍼스   체   추
         (정밀한 치수를 재는 자의 한 종류)

   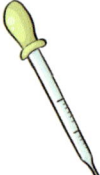

사육 상자   루페(확대경)   비커   스포이트

 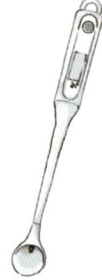  

전자저울   염분 농도 측정기   시약   뜰채

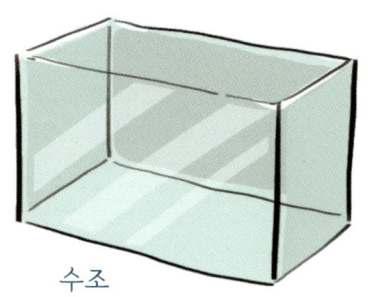
수조

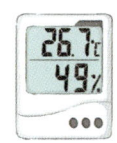
온·습도계

필기도구

시계

호미

줄자

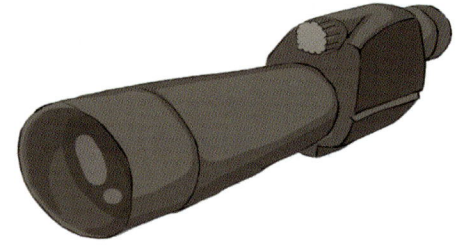
필드스코프
(단안경: 한쪽 눈에만 대고 보는 망원경)

삽

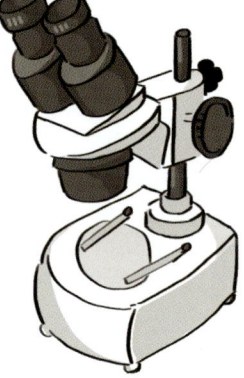
실체 현미경

적외선 온도계

핀셋

아무것도 보이지 않는다고?

하루 일과의 시작과 끝을 결정하는 것은 눈이에요. 눈을 뜨면서 하루가 시작되고 또 눈을 감고 잠을 자면서 하루가 마무리 되지요. 깨어 있는 동안 우리의 눈은 한시도 쉬지 않고 끊임없이 정보를 받아들이며 일을 해요. 세수를 하고, 밥을 먹고, 책상 앞에 앉아서 공부를 하고, 걷고 뛰는 동안 멈추지 않고 일하는 신체 부위가 바로 눈이에요. 눈으로 보지 않고서는 아무것도 할 수 없을 정도로 여겨질 만큼 시각이 우리 감각에서 차지하는 비중은 매우 커요.

눈을 떠서 여러분 주변을 한번 둘러보세요. 그러고 나서 과연 내가 무엇을 보았는지 떠올려 보세요. 아마 기억에 뚜렷이 남는 것이 별로 없을 거예요. 그저 눈만 뜨고 있었을 뿐 주의 깊게 보려고 하지 않았기 때문이에요. 아무리 소중한 가치를 지니고 있는 것이라도 내가 눈여겨보고 관찰하지 않으면 길가에 널브러진 돌멩이나 낙엽처럼 별 의미가 없는 사물에 지나지 않을 뿐이에요. 관찰을 해야 그 대상과의 만남이 이루어질 수 있고, 비로소 우리에게 의미 있는 존재로 다가올 수 있어요.

관찰이란 어렵고 거창한 개념이 아니에요. 평소 그냥 보는 것에서 조금 더 관심을 갖고 주변의 사물을 주의 깊게 살펴보면 관찰이 되는 거예요. 단순히 눈으로만 보는 것이 아니라 온몸의 감각을 총 동원해서 대상을 들여다보는 것이 바로 관찰이에요. 보는 것은 아무나 쉽게 할 수 있지만, 관찰을 하는 것은 아무나 쉽게 할 수 없어요. 관찰은 그냥 보는 것이 아니라 곰곰이 생각하며 보는 것이기 때문이에요. 보는 동안 내내 '왜?'라는 물음을 던지면서 문제 해결을 위해 끊임없이 생각하는 것이지요. 그 과정 속에서 새로운 발견이 이루어지고, 우리 삶을 더욱 좋게 만들거나 성장시키는 창의적인 생각이 탄생하게 된답니다.

새로운 대상을 만날 때에는 그때까지 느껴 보지 못했던 설레는 마음이 들기도 해요. 하지만 그 대상을 여러 번 만나면 맨 처음 느꼈던 설렘이나 낯선 시선은 사라지고 말아요. 아무리 신기한 사물이라 할지라도 마찬가지예요. 나이가 들수록 새로운 것보다는 익숙하게 여겨지는 대상이 많아지는데, 그러면 더 이상 반짝이는 아이디어나 영감은 떠오르기 어려워요. 마치 "해는 동쪽에서 떠서 서쪽으로 진다."

는 말처럼 너무나 당연해서 해가 지든 말든 나와는 아무 상관 없는 일이 되고 마는 것이지요. 하지만 관찰이 숙달된 사람은 매일 봐 왔던 대상을 통해서도 새로운 사실을 찾아낼 수 있어요. 전혀 새로울 것이 없는 대상에서도 새로움을 찾을 수 있는 힘, 그것이 바로 관찰이에요!

여기는 무등산 자락의 다랑논 주변이에요. 이곳을 찾은 까닭은 여기에서 살아가는 생물을 '관찰'하기 위해서예요. 사진 속 논은 모내기를 끝낸 여느 논과 다를 게 없어 보여요. 그냥 눈으로 훑어보기만 하면 산에는 나무가 자라고 있고, 논 주변에는 풀이 무성하다는 단순한 사실만 알 수 있어요. 뒤돌아서면 '뭐가 있었는지, 무엇을 보았는지' 거의 기억이 나지

> 선생님! 이곳은 어디예요?

> 전남 화순군에 있는 무등산 자락의 다랑논 주변이에요. 이제 막 모내기를 마쳤네요.

다랑논 주변에서 관찰한 생물들

1. 에사키뿔노린재
2. 산호랑나비 애벌레
3. 참개구리
4. 깜둥이창나방
5. 닻표늪서성거미
6. 노랑망태버섯
7. 팔공산밑들이메뚜기
8. 하루살이류
9. 녹슬은방아벌레

않을 거예요. 하지만 관찰의 과정을 거치면 평소에는 보지 못했던 수 많은 생물에게 눈길이 갈 거예요. 그러면 작고 하찮게 여겨졌던 생물이 나에게 의미 있고 소중한 대상으로 탈바꿈하게 되지요. 아무리 많은 시간이 지나도 무엇을 보고 느꼈는지 그 경험들이 기억 속에 고스란히 남게 되는 거예요.

사진에 나온 녀석들은 모두 이곳에서 하루 동안 관찰한 생물들이에요. 애벌레, 나비, 방아벌레, 나방, 노린재, 참개구리에 이르기까지 참 많지요? 그냥 눈으로 보기만 했을 때에는 이곳에 이렇게 많은 생물들이 있을 거라고는 전혀 짐작하지 못했을 거예요. 하지만 관심을 갖고 자세히 들여다보면 놀라울 만큼 다양한 생물을 발견할 수 있어요. 눈을 뜨고, 귀를 세우고, 모든 감각을 활짝 열어젖혀서 사물을 들여다보려고 노력해 보세요. 그러면 무심코 지나쳤던 사물들이 눈에 띄기 시작할 거예요. 또 생물로부터 발견한 새로운 모습은 기발하고 독창적인 생각으로 이어질 거예요.

사람들이 보고 듣고 느끼고 받아들이는 것은 모두 제각각이에요. 똑같은 시간과 공간에 함께 있더라도 마찬가지이지요. 이것은 수동적으로 보는 것에 길들여진 사람과 능동적으로 관찰하는 것이 습관이 된 사람의 차이 때문에 생겨나요. 관찰 속에는 보이지 않던 것을 보게 하고, 듣지 못했던 것을 듣게 하고, 경험하지 못했던 것을 경험하게 해주는 힘이 숨어 있어요. 그래서 관찰이 습관화된 사람은 그렇지 않은 사람보다 훨씬 더 크고 넓은 세상을 만날 수 있답니다.

처음에는 관찰이 어려워

막상 관찰을 시작하려면 무엇을 어떻게 해야 할지 막막할 거예요. 그동안 '관찰'이라는 것을 자세히 배워 본 적이 없기 때문이에요. 관찰에 대한 깊은 생각이나 고민을 해 보지 않았기 때문이기도 해요. 우리는 '관찰'이라는 말을 과학 시간에만 잠깐 들을 뿐 일상생활에서 따로 배우거나 실제로 사용하지는 않아요. 그만큼 관찰의 중요성이나 효과를 잘 모른다는 말이겠지요. 그럼 관찰을 시작하기 위해서는 무엇을, 어떻게 해야 하는 걸까요?

관찰을 시작할 때 가장 큰 문제는 무엇을 관찰해야 하는지를 모른다는 점일 거예요. 곧 관찰 대상이 없기 때문에 관찰을 시작할 수가 없는 것이지요. 관찰 대상은 내가 관심을 갖는 것, 좋아하는 것, 알고 싶은 것으로 삼는 것이 좋아요. 하지만 내가 무엇을 좋아하는지, 무엇을 알고 싶은지 모르는 친구들도 있을 거예요. 그런 친구들이 먼저 해야 할 일은 주변의 현상과 사물에 '관심'을 주는 거예요. 아무리 익숙한 대상이라도 관심을 갖고 자세히 들여다보면 새로운 모습을 찾을 수 있어요. 그러다 보면 내가 무엇에 관심을 갖고 있는지, 또 무엇을 좋아하는지 알게 될 거예요.

선생님은 한적한 시골에서 나고 자랐어요. 산과 바다 사이에 자리 잡은 작은 어촌 마을은 자연환경이 잘 보존된 곳이었어요. 마을 앞을 흐르는 맑은 개울에는 가재들이 넘쳐났고, 해마다 여름이 되면 은빛 물결의 은어 떼가 찾아왔어요. 아직 경지 정리가 되지 않은 논 주변에는 개구리, 유혈목이, 족제비, 수달 등 다양한 종류의 생물들이 살았지요. 그렇지만 당시에는 주변의 생물들에 큰 관심을 갖지 않았어요. 무엇인가를 사랑하고 아껴 줄 만한 자세가 갖추어져 있지 않았던 거예요. 주변의 생물에 맨 처음 관심을 갖게 된 것은 대학생이 다 되어서였어요.

어느 날 제방 주변을 산책하고 있을 때였어요. 멀리서 수백여 마리의 새가 방파제 옆에 앉아 있는 모습이 보였어요. 평소처럼 그냥 새이겠거니 하고 지나칠 수도 있었지만, 그러기에는 그 모습이 너무 인상 깊었어요. 그래서 조금 더 지켜보고 싶은 마음이 생겼지요. 녀석들은 곁으로 조금씩 다가갈수록 마치 춤을 추듯 떼를 지어 비행을 했어요.

흑꼬리도요 떼

  그 모습이 신기하면서도 무척 아름다워서 집으로 돌아오자마자 어떤 새인지 찾아봤어요. 녀석은 바로 '흑꼬리도요'라는 새였어요.

  그렇게 흑꼬리도요와의 만남이 시작되었어요. 녀석들을 관찰하기 위해 매일 제방을 나섰어요. 밀물과 썰물 때 먹이 활동을 하는 모습, 둑방 길 아래에서 쉬는 모습, 선두의 신호에 따라 떼를 지어 비행하는 모습까지 하나도 빼놓지 않고 관찰하려고 노력했지요. 흑꼬리도요를 자세히 알아 갈수록 녀석이 가진 새로운 모습에 깊이 빠져들었어요. 녀석들이 시베리아 지역에서 호주로 날아가는 도중 잠깐 쉬기 위해서 이곳에 들른 것이라는 사실도 알게 되었어요. 그리고 녀석들과 처음 만난 날에 별 생각 없이 했던 나의 행동이 지친 녀석들에게 커다란 피해를 주었다는 사실도 알게 되었지요.

우연히 흑꼬리도요를 만난 것처럼 보이지만 그렇지 않았어요. 녀석들은 매년 봄과 가을 무렵에 이곳을 찾아왔어요. 다만 녀석들에게 눈길을 주지 않았기 때문에 볼 수가 없었던 것뿐이에요. 주변의 사물에 관심을 갖고 눈여겨보려고 노력했다면 조금 더 일찍 녀석들을 만나고 관찰할 수 있었을 거예요.

흑꼬리도요를 만나고 또 알고 나니, 강진만에서 살아가는 다른 새들도 궁금해졌어요. 본격적으로 이곳에서 살아가는 새들을 관찰해

흑꼬리도요의 비행

강진만과 그 주변에서 관찰한 생물들

1. 강진만
2. 장다리물떼새
3. 제비
4. 물총새
5. 검은댕기해오라기
6. 흰꼬리수리
7. 황조롱이
8. 붉은머리오목눈이
9. 큰기러기

보기로 했지요. 매년 봄, 여름, 가을, 겨울, 계절이 바뀔 때마다 이곳에는 다양한 새들이 다녀갔어요.

봄에는 긴 여행 중 휴식을 위해 장다리물떼새가 논을 찾았고, 제비는 둥지를 지으며 새끼를 키워 낼 준비를 했어요. 여름에는 맑은 개울 속으로 다이빙하면서 물고기를 잡는 물총새와 미끼낚시를 하는 검은댕기해오라기가 짝짓기를 하고 새끼를 길렀어요. 가을이 되면 여름 내 활동하던 여름 철새들이 떠나고 그 빈자리를 흰꼬리수리와 큰기러기 같은 겨울 철새들이 채워 주었어요. 사계절 내내 변함없이 이곳에서 살아가는 붉은머리오목눈이와 황조롱이도 있었지요. 매번 똑같은 장소였지만 매번 넘쳐나는 새로운 생명들로 가득했어요. 마음을 열고 녀석들에게 눈길을 주니, 나와는 관련 없는 대상으로 여겨졌던 많은 생명들이 의미 있고 소중한 존재로 느껴졌어요.

사실 이제껏 봐 왔던 사물들이 별 의미 없는 대상에 지나지 않았던 것은 그 사물들에 관심이 없고 또 다가서려는 자세를 갖지 않았기 때문이에요. 우리 주변에 수많은 생물들이 살아가고 있지만 가까이 다가서지 않으면 어떤 새로움도, 의미도 발견하기 어려워요. 먼저 관심을 갖고 대상에게 천천히 다가가 살펴보세요. 그러면 대상이 가진 새로운 모습을 발견할 수 있고, 또 알고 싶어 하는 마음도 생겨날 거예요. 그 과정은 또 다른 관심과 호기심으로 이어져서 결국 사물의 본질을 보는 눈을 갖게 해 줄 거예요.

눈에 보이는 것이 전부일까?

　대부분의 사람들은 눈에 보이는 것이 전부라고 믿어요. 그래서 시각에 의존해 사물을 판단하는 경우가 많아요. 다른 사람을 판단할 때에도 겉으로 드러나는 모습을 따지는 경우가 많아요. 하지만 눈에 보이는 것이 전부는 아니에요. 눈에 보이지 않는다고 해서 이 세상에 존재하지 않는 것도 아니고요. 눈에 보이는 것만으로 판단하면 그 사람의 마음이나 사물의 본질을 알아내기 어려워요. 엄마의 사랑이나 친구 간의 우정은 분명 우리 눈에 보이지 않지만 늘 우리 곁에 함께하고 있어요. 자연도 마찬가지예요. 신선한 공기나 산들산들 부는 바람, 새가 지저귀는 고운 소리 등은 눈에 보이지 않지만 늘 존재하고 있는 것들이지요.

신선한 공기로 가득한 숲

　사람들은 관찰을 떠올릴 때 눈으로 자세히 살펴보는 것만을 생각하는 경우가 많아요. 그런데 눈은 의외로 허점이 많은 기관이에요. 시각이라는 틀 안에 들어온 정보만을 받아들이기 때문에 놓치는 것들이 제법 있답니다. 뇌가 인식하는 과정에서 정보가 왜곡되기도 하고요. 이를 흔히 착시 현상이라고 하지요. 눈이 담지 못하는 정보를 보완하기 위해서는 우리 몸의 다른 기관들을 사용해야 해요. 손, 귀, 코, 발, 입 등 신체의 모든 부위를 관찰 도구로 사용하는 거예요.
　무엇인가를 관찰한다는 것은 반드시 눈을 통해서 이루어지는 것도, 또 이루어져야만 하는 것도 아니에요. 우리 몸의 여러 부위를 이용하면 훨씬 더 풍성한 관찰이 이루어질 수 있어요. 보는 것뿐만 아니라 청각, 후각, 미각, 촉각 등 온몸의 감각 기관을 동원해야 하는 것이 바로 관찰이에요. 눈으로 보지 않아도 귀로 들으면서 생각할 수 있고, 냄새를 맡지 않아도 피부를 통해서 느낄 수 있으며, 맛을 보지 않아도 냄새와 소리로 알아차릴 수 있어요. 우리 몸속의 감각들을 깨우고 주변의 사물을 만나 보세요. 그러면 우리 곁에 늘 존재해 있었지만 그동안 보지 못했고 느끼지 못했던 새로운 모습을 알게 될 거예요.

인류의 역사에서 사람의 평균 수명은 오랫동안 30세를 넘지 못했어요. 질병에 걸려 죽는 사람이 아주 많았기 때문이에요. 종기나 수두처럼 지금은 쉽게 고칠 수 있는 가벼운 질병에도 수많은 사람들이 목숨을 잃었어요. 하지만 변변한 치료법은 없었어요. 병을 낫게 해 달라고 기도를 하거나 굿을 하는 등의 방법이 전부였지요. 질병을 나쁜 귀신의 짓으로 생각했기 때문이에요. 어쩌다 우연히 질병이 낫는 경우도 있었지만 그것이 질병 치료의 근본적인 방법이 될 수는 없었어요.

도구(루페)를 이용해 나무 위를 기어 다니는 개미를 관찰하는 모습

어떤 문제를 해결하기 위해서는 왜 그런 문제가 발생하는지 원인을 찾아야 해요. 질병을 치료하는 방법을 알려면 사람들이 왜 질병에 걸리는지 그 이유부터 밝혀야 하는 것이지요. 그런데 옛날에는 사람

← 은행나무
↓ 은행나무 씨앗(은행)

들이 왜 질병에 걸리는지를 알기가 매우 어려웠어요. 질병을 일으키는 원인이 세균이나 바이러스와 같이 사람의 눈으로는 볼 수 없는 대상이었기 때문이에요. 질병의 원인이 밝

윽! 선생님, 어디선가 똥 냄새가 나요!

하하, 그건 은행의 겉껍질에서 나는 냄새예요.

혀지기까지는 눈에 보이지 않는 것을 보려는 수많은 과학자들의 도전과 시행착오가 있었어요. 결국 보이지 않는 대상을 보려는 치열한 노력이 현미경이라는 특별한 도구를 만들어 냈고, 미생물이라는 새로운 대상을 발견하게 했어요. 보이지 않는 것을 보게 하는 힘, 바로 관찰 덕분에 질병의 원인을 밝혀 낼 수 있었던 거예요.

　은행나무 씨앗을 볼까요? 은행은 작고 볼품없는 씨앗에 지나지 않지만 다 자라면 수십 미터가 넘는 아름드리나무가 되지요. 그 모습이 상상이 되나요? 우리 눈에 보이지는 않지만 작은 씨앗 속에는 커다란

은행나무가 될 잠재력이 숨어 있어요. 그 가치를 볼 줄 아는 사람은 씨앗을 심고 물과 양분을 주어 커다란 나무로 키워 낼 거예요. 하지만 그렇지 못한 사람은 하찮은 씨앗으로 여겨 아무 데나 내팽개쳐 버릴 수도 있어요. 관찰력을 기르기 위해서는 보이는 것에만 집중해서는 안 돼요. 눈에 보이지 않는 그 너머의 것까지 생각해 보는 습관을 가져야 해요.

    자연 속에서 보이지 않는 것까지 보는 연습을 해 보세요. 숲속에서 눈을 감고 다양한 자연의 모습을 느껴 보세요. 나무 사이를 날아다니며 쉴 새 없이 지저귀는 새소리를 들어 보세요. 깃 색깔은 어떤지, 덩치는 큰지 작은지, 부리 모양은 어떤지 마음껏 상상해 보세요. 그러고 나서 눈을 크게 뜨고 한번 살펴보세요. 여러분이 생각했던 것과 어떻게 다른지 말이에요. 또 산들산들 불어오는 바람의 촉감도 느껴 보세요. 손끝을 간질이는 부드러운 느낌과 온갖 냄새를 품고 오는 바람의 기운을 가슴으로 느껴 보세요. 분명 눈을 뜨지는 않았지만 훨씬 더 생생하고 뚜렷하게 여러분에게 다가올 거예요.

관찰은 요령을 익히는 것이 아니야

 여러분이 언제부터 두 발로 걷게 되었는지 기억나나요? 아마 두 발로 걷게 되기까지는 넘어지고 일어서기를 수도 없이 반복했을 거예요. 그런 시행착오의 과정을 통해서 비로소 두 발로 마음껏 걷고 뛰어다닐 수 있게 되는 것이니까요. 무슨 일이든 처음부터 잘하기는 어려워요. 어느 정도 숙달이 되려면 많은 연습과 노력이 필요하기 때문이에요. 하지만 사람들은 처음부터 잘하려고 하지요. 그러다 생각했던 대로 잘 되지 않으면 포기해 버리고요. 처음에는 못하는 것이 당연하다고 생각하세요. 그러면 계획했던 일들에 도전하기가 훨씬 더 쉬울 거예요.

 관찰도 마찬가지예요. 처음부터 관찰을 잘하는 사람은 없어요. 관찰에 익숙해지기 위해서는 그에 따르는 연습과 노력이 있어야 해요. 선생님도 처음부터 관찰에 자신이 있었던 것은 아니에요. 맨 처음에 관찰했던 기록들을 살펴보면 남 앞에 보여 주기 싫을 만큼 우습고 부끄러워요. 그때 찍어 두었던 생물 사진들은 너무 어설퍼서 지금은 활용할 수조차도 없어요. 그만큼 처음 시작할 때에는 서툴고 엉성하기 마련이에요. 하지만 포기하지 않고 계속 시도하다 보면 점점 관찰 실력이 향상돼요. 실패와 성공을 거듭하는 동안 더 나은 방법을 발견하면서 관찰 기술을 한 단계씩 높여 나가는 것이지요.

관찰은 시간과 기다림의 양에 비례해서 훨씬 더 깊고 풍성해질 수 있어요. 그러니 어쩌다 한두 번 관찰한 것으로 모든 것을 알아냈다고 생각해서는 안 돼요. 하루를 관찰한 것보다는 한 달, 한 달을 관찰한 것보다는 1년, 1년을 관찰한 것보다는 10년을 관찰한 것이 훨씬 가치 있고 의미 있는 일이니까요. 기다림과 인내의 과정이 길어질수록 대상이 가진 다양한 모습들을 볼 수 있는 기회가 많아져요. 그만큼 새로운 모습을 발견할 가능성도 훨씬 더 커지겠지요? 누가 옆에서 요령이나 기술을 가르쳐 주지 않아도 기다림과 인내 속에서 자연스럽게 깨닫게 되는 것이 바로 관찰이랍니다.

선생님은 큰고니를 거의 6년 가까이 관찰해 오고 있어요. 강진만에서 주남 저수지, 강릉 남대천에 이르기까지 매년 가을부터 이듬해 봄까지 수시로 녀석들을 만나고 들여다보고 있지요. 이 관찰이 언제 끝

선생님, 큰고니는 목도 길고 몸도 큰 것 같아요!

맞아요, 큰고니는 대형 조류에 속하는 새예요.

큰고니의 여러 모습

날지는 알 수 없어요. 큰고니에 대해 모르는 것들이 여전히 많이 있기 때문이에요. 큰고니가 우리나라에서 사계절 살아가는 텃새가 아니다 보니 알아낼 수 있는 내용이 한정되어 있어요. 봄과 여름에 알을 낳고 새끼를 키우는 번식 과정을 볼 수가 없는 것이지요. 이 장면을 보지 않고서는 큰고니 관찰의 마침표를 찍을 수가 없어요. 기회가 되면 몽골이나 시베리아 지역에 가서 새끼들을 키우는 모습을 관찰하고 싶어요. 그때까지 큰고니 관찰은 계속될 거예요.

앞에서 관찰은 기다림과 인내의 과정이라고 했어요. 그만큼 관찰에서 끈기와 뚝심을 갖는 것은 중요한 일이에요. 에디슨이 전구를 발명하기 위해 1,500번이 넘는 시행착오를 거쳤듯이 여러분도 자신만의 분야를 정해서 묵묵히 관찰해 보세요. 참고 기다린 만큼 관찰의 폭과 깊이가 더욱 더 넓고 깊어질 거예요.

에디슨

**눈높이를 맞추고
자세히 들여다봐야 해**

'수박 겉핥기'라는 속담을 들어본 적이 있나요? 중요한 것이 무엇인지 모른 채 슬쩍 겉만 살피는 것을 나타낼 때 쓰는 표현이에요. 수박 껍질을 아무리 핥아 봐야 알맹이를 먹지 않으면 수박 맛을 안다고 할 수 없겠지요? 우리가 사물을 관찰할 때에도 마찬가지예요. 사물의 겉모습만 대충 훑어봐서는 본래의 모습이나 성질을 알 수 없어요. 무엇인가를 제대로 관찰하고 싶다면 먼저 자세하게 들여다봐야 해요. 그래야 사물이 지닌 본래의 모습과 특징을 발견해 낼 수 있어요.

이제까지 여러분은 사람들의 기준과 눈높이로만 대상을 봐 왔을 거예요. 예컨대 땅바닥을 기어 다니는 생물을 볼 때에는 위에서 아래로 내려다보고, 높은 나무에서 살아가는 생물은 위로 올려다보기만 했을 거예요. 고개를 숙여 아래를 내려다보는 것만으로는 땅바닥에서 살아가는 곤충을 제대로 관찰할 수 없어요. 또 위를 올려다보는 것만으로는 높은 나무 사이를 날아다니는 새들의 습성을 알아내기 어려워요. 이렇게 사람들의 눈높이로만 보게 되면 수박 겉만 핥는 것처럼 그 생물이 본래 가지고 있는 다양한 모습을 찾을 수 없어요.

어떤 대상을 세세히 들여다보기 위해서는 이제까지 가지고 있던 낡은 습관은 버리는 것이 좋아요. 곧 인간의 눈높이를 버리고 관찰하려는 대상과 눈높이를 맞추는 거예요. 기어가는 곤충을 관찰하려면 땅바닥에 엎드리는 수고로움을 견뎌야 해요. 높은 곳에 사는 새를 관찰하려면 나무 위를 오르는 용기도 필요해요. 그런 불편함과 어려움을 이겨 내야 관찰이 시작될 수 있어요. 관찰 대상과 눈높이를 맞출 때 비로소 그 대상이 가진 진정한 모습을 발견할 수 있어요. 다양한 각도로 시선에 변화를 주면서 여태까지 만날 수 없었던 세상을 만나 보세요. 평소에 자주 봐 와서 익숙해진 대상이라 하더라도 놀랍고 색다른 모습을 찾을 수 있을 거예요. 그럼 구체적인 관찰 사례를 통해 더 살펴볼까요?

다음에 나오는 사진 속 생물은 길앞잡이라는 곤충이에요. 봄철에 숲길을 걷다 보면 만날 수 있는데, 사람들보다 조금씩 앞서가기 때문

선생님, 길앞잡이는 왜 자꾸 길을 앞서가요?

덩치가 큰 사람이 가까이 오는 게 무서워서 도망치는 거예요.

사람의 눈높이에서 내려다본 길앞잡이

눈높이에 맞춰 들여다본 길앞잡이

방향을 바꿔 들여다본 길앞잡이의 딱지날개

눈높이를 맞추고 자세히 들여다봐야 해

에 길앞잡이라는 이름이 붙었어요. 그동안 우리가 봐 왔던 길앞잡이는 대체로 위에서 내려다본 모습일 거예요. 하지만 눈높이를 낮추고 조금만 시선을 달리해 보면 이전까지 볼 수 없었던 놀라운 모습을 볼 수 있어요. 녀석과 비슷한 눈높이에서 머리를 관찰한 모습이에요. 평소에 보지 못했던 커다란 두 눈과 가위처럼 생긴 날카로운 턱을 볼 수 있어요. 녀석의 얼굴이 이렇게 무시무시하게 생겼는지 처음 알게 된 친구들도 많을 거예요.

이번에는 방향을 바꿔 딱지날개를 자세히 들여다볼까요? 날개에 그려진 화려한 무늬가 아주 인상적이지요? 빨간색과 초록색, 파란색, 검은색 등이 어우러진 모습이 마치 예술 작품을 보는 것 같아요. 아마도 화가가 길앞잡이의 몸 색깔을 보게 된다면 많은 영감을 떠올릴 수 있을 거예요. 길앞잡이의 눈높이에 맞춰서 자세히 들여다보지 않았다면 녀석에게 이런 모습이 있을 거라고는 짐작조차 못했겠지요.

두 번째로 살펴볼 생물은 애기세줄나비예요. 날개에 그려진 세 개의 하얀색 줄무늬가 보이나요? 녀석들은 이렇게 날개를 활짝 편 채 잎 위에 앉아 있는 경우가 많아요. 사람들 눈높이로만 보면 잎에 가만히 앉아서 쉬고 있는 모습이 녀석의 전부일 거예요. 지금 어떤 상태인지, 무엇을 하고 있는지는 전혀 알 수가 없겠지요.

하지만 눈높이를 낮추고 들여다보면 어떨까요? 날개를 펴고 쉬고 있는 줄 알았는데 한창 먹이 활동을 하고 있었군요. 빨대처럼 생긴 긴 입을 이용하여 먹이의 즙액을 빨아먹는 모습이 무척 신기해 보여요.

사람의 눈높이에서 내려다본 애기세줄나비

눈높이에 맞춰 들여다본 애기세줄나비

그동안 볼 수 없었던 곤봉처럼 생긴 긴 더듬이와 몸에 수북이 난 털도 한눈에 들어오고요. 이렇게 눈높이를 바꾸고 나니 녀석이 지닌 여러 모습과 습성을 찾을 수 있어요.

⋯ 청개구리의 얼굴　　　　　　　⋮ 청개구리의 발

　세 번째로 살펴볼 생물은 청개구리예요. 청개구리는 물과 뭍 양쪽에서 살아가는 양서류예요. 물속보다는 나무나 갈대 잎 위에서 살아가는 것을 더 좋아하지요. 평소 우리는 청개구리를 초록색 몸 색깔을 지닌 작은 개구리 정도로만 생각하는 경우가 많아요. 하지만 녀석들의 눈높이에 맞춰서 자세히 들여다보면 이전에는 몰랐던 새로운 사실을 발견할 수 있어요.
　먼저 청개구리의 발을 볼까요? 청개구리는 다른 양서류와 달리 발에 물갈퀴가 퇴화되어 없어요. 대신 나무나 갈대에 잘 달라붙을 수 있도록 발가락 끝에 주걱처럼 생긴 빨판이 있어요. 자세히 들여다보지 않았다면 양서류에 속한 생물이니까 당연히 물갈퀴가 발달되어 있을 거라고 여겼을 거예요. 그런데 꼼꼼히 살펴보니 물 밖에서 살아가는 데 편리하도록 진화한 흔적을 발견할 수 있었어요.

이번에는 청개구리의 얼굴을 볼까요? 양쪽으로 툭 튀어나온 두 눈이 가장 먼저 들어와요. 또 평소에는 볼 수 없었던 2개의 콧구멍과 밖으로 드러난 고막도 보이고요. 작은 개구리인 줄로만 알았는데 사람처럼 눈과 코, 고막까지 다 갖추고 있었네요. 하나의 온전한 생명으로서 녀석의 모습을 다시 보게 되는 기회가 되지 않았나요?

마지막으로 살펴볼 생물은 흰목물떼새예요. 녀석은 우리나라에서 사계절 살아가는 텃새로 개체 수가 워낙 적어 멸종위기야생동물 2급으로 지정되어 있어요. 그만큼 우리 주변에서 쉽게 만나기 어려운 녀

경계하는 흰목물떼새   목욕하는 흰목물떼새

석이지요. 녀석을 만난 것은 강변 둔치를 걷고 있을 때였어요. 워낙 몸집이 작은 새여서 바로 알아차리지는 못했어요. 하지만 곧 작은 새들이 모여 있다는 것을 깨닫고 추운 겨울이었지만 바짝 마른 덤불 속에 웅크린 채 녀석들을 관찰하기 시작했어요.

녀석들은 처음에는 바짝 경계한 채 움직임을 멈추었어요. 그런데 이내 위협을 주지 않는다고 판단해서인지 다시 활동을 이어 갔어요. 얼음이 얼 정도로 차가운 물속에 들어가서 녀석들은 날개깃을 파닥거리며 목욕을 했어요. 녀석들의 깃 색깔과 얼굴 생김새도 자세히 관찰할 수 있었지요. 멀리서 봤을 때에는 무엇을 하는지 전혀 알 수 없었지만, 가까이 다가가서 눈높이를 맞추고 들여다보니 한겨울 물속에서 몸치장을 하는 새로운 모습을 관찰할 수 있었던 거예요.

사물을 볼 때에는 눈높이에 변화를 주어 들여다봐야 해요. 그렇지 않으면 일부의 모습만을 보고 그것이 전체인 것처럼 다 안다고 생각하게 되지요. 세상을 보는 시선이 좁으면 받아들이는 정보가 줄어들 수밖에 없어요. 그러면 새로운 발견이나 생각을 하기는 더 어려워지겠지요? 사물이 가진 여러 가지 모습을 구석구석 살펴보고 들여다봐야 그 대상이 가진 진짜 모습을 찾아낼 수 있어요. 다양한 시선에서 사물을 들여다보는 연습을 통해 관찰력을 키워 보세요.

딱
아는 만큼만 보여

뉴턴은 근대 과학 혁명을 이끈 위대한 과학자예요. 그는 사과나무에서 사과가 떨어지는 것을 보고 만유인력의 법칙을 발견했다는 일화로 유명해요. 어떤 사람들은 이러한 일화가 현실성이 떨어지는 과장된 것으로 여기기도 해요. 하지만 뉴턴이 만유인력의 법칙을 발견한 것은 누구나 다 아는 사실이에요. 중요한 것은 그가 단순히 떨어지는 사과를 보고 만유인력의 법칙을 발견한 것이 아니라는 점이에요. 수많은 사람들이 사과가 땅에 떨어지는 것을 봐 왔지만, 그 누구도 그런 법칙을 알아내지는 못했어요. 그저 사과가 무르익었거나 바람이 세게 불어서 떨어졌다고 생각하는 경우가 대부분이었지요.

사과가 땅에 떨어지는 것을 본 많은 사람들 중에서 왜 하필 뉴턴만

뉴턴

새로운 발견을 할 수 있었을까요? 뉴턴에게는 어떤 특별한 능력이 있었던 걸까요? 그것은 뉴턴이 평소 지구와 물체 사이의 끌어당기는 힘을 연구를 통해 많이 알고 있었기 때문이에요. 사과가 떨어지는 것은 누구나 볼 수 있는 현상이지만, 그 안에 숨은 본질은 오랫동안 생각하고 고민해 온 사람들에게만 보이는 거예요. 뉴턴은 평생을 물리학 연구에 몰두한 사람이어서 사과가 떨어지는 단순한 현상을 보고도 세상을 놀라게 한 법칙을 발견할 수 있었던 거예요. 아마 사과가 아니었더라도 떨어지는 빗방울이나 낙엽을 보고 충분히 그런 생각을 떠올릴 수 있었을 거예요. 사과가 떨어지는 것은 수많은 물체 사이에 작용하는 힘을 보여 주는 하나의 사례에 지나지 않으니까요.

우리는 딱 자신이 아는 만큼만 볼 수 있어요. 아무리 자세히 살펴봐도 자신이 모르는 것은 놓칠 수밖에 없지요. 뉴턴처럼 자신이 관심을 갖는 분야에 많은 양의 지식이 축적되어 있으면 새로운 발견이나 생각을 할 수 있어요. 그러니 관찰하고 싶은 대상이 있다면 먼저 그 대상에 관한 지식을 많이 쌓아야 해요. 내가 알고 있는 만큼 더 다양한 관찰을 할 수 있고, 새로운 발견을 할 수 있기 때문이에요. 관련 분야의 책을 찾아서 읽어도 좋고, 전문가의 의견이나 설명을 들어도 좋아요. 그 사람이 겪은 지식과 경험을 자양분으로 삼으면 훨씬 더 깊이

십이점박이잎벌레

십이점박이잎벌레 알

있는 관찰이 이루어질 거예요.

사진에 나온 생물은 십이점박이잎벌레라는 이름의 곤충이에요. 잎벌레과에 속한 대부분의 곤충은 식물의 잎 뒷면에 알을 낳아요. 알에서 깬 새끼들이 잎을 먹이로 삼

선생님, 십이점박이잎벌레가 무당벌레처럼 생겼어요!

딱지날개에 빨간색 점무늬가 나 있어서 그래요. 하지만 무당벌레보다 더듬이는 훨씬 더 길어요.

아 무럭무럭 성장할 수 있게 하기 위해서예요. 녀석도 마찬가지로 봄이 되면 짝짓기를 마친 뒤 잎 뒷면에 알을 낳아요. 이러한 사실을 알고 나면 숲길을 걷다가도 식물 잎 뒷면을 찬찬히 들여다보게 돼요. 혹시라도 잎 뒷면에 알이 붙어 있는지 없는지 알고 싶어서 말이에요. 하지만 잎벌레의 생태에 관해 아무런 지식이 없는 사람은 결코 잎 뒷면을 살피려 하지 않을 거예요. 잎 뒷면에 무엇이 있는지 전혀 모르는 데다 궁금하지도, 또 알아야 할 필요성도 느끼지 못하기 때문이에요. 우리가 딱 아는 만큼만 보게 된다는 것을 보여 주는 단적인 사례 중 하나예요.

흰물떼새 알

초여름이 되면 모래나 자갈이 많은 강가나 해변 근처에 알을 낳는 새들이 있어요. 흔히 물떼새라고 불리는 녀석들인데, 신기한 점은 둥지를 만들지 않고 강가나 해변 바닥에 알을 낳는다는 거예요. 알 색깔이 모래나 자갈과 비슷한 보호색을 띠어서 그 사이에 있으면 전혀 알아차릴 수가 없어요. 그래서 녀석들의 생태를 모르는 사람은 이곳을 지나면서 알을 밟을 때가 많아요. 하지만 생태를 알고 있으면 모래나 자갈이 많은 습지 주변을 걸을 때 땅을 보고 걸으면서 혹시나 알을 깨트리지 않을까 하고 걱정하면서 걷게 되지요.

모래나 자갈 밭 속에 숨은 알을 발견하면 관찰을 시작할 수도 있어요. 천적이 나타났을 때 어미 새가 알을 보호하는 생존 전략, 암컷과 수컷의 생김새 차이, 알을 품는 시간 등을 관찰하는 것이지요. 운이 좋으면 알에서 깬 귀여운 새끼의 모습도 만날 수 있어요. 하루하루 어미가 알을 돌보고 새끼를 키우는 과정을 기록하며 관찰의 경험

흰물떼새가 알을 품은 모습

흰물떼새 새끼

을 키워 나갈 수 있지요. 이러한 과정은 단순히 관찰력을 기르는 것뿐만 아니라 생명의 소중함을 몸소 느끼고 배우는 의미 있는 시간이 될 거예요. 생물의 습성을 많이 알수록 관찰의 폭이 넓어지고, 더불어 녀석들을 지키고 보호하는 방법도 알 수 있답니다.

숲에 피어 있는 이름 모를 식물들은 잡초 취급을 받기 쉬워요. 아무리 예쁜 꽃을 피우고 쓸모가 많은 식물이라도 하찮은 대우를 받게 되지요. 사람들이 녀석들을 잡초라고 불러 온 까닭은 잘 몰랐기 때문이에요. 무작정 농작물에 피해를 준다고 생각하며 싸잡아 잡초라고 칭한 거예요. 하지만 녀석들을 알게 되면 하나하나 이름도 붙여 줄 수 있고, 그러면 나에게 의미 있는 존재로 다가올 수 있어요. 아무런 쓸모 없는 잡초가 이 세상 그 어떤 꽃보다도 더 아름답고 멋진 존재로 바뀌는 거예요.

관찰하고 싶은 대상이 생겼다면 먼저 그 대상을 자세히 알아보세요. 이미 전문가들이 밝혀 놓은 정보들이 많이 있을 거예요. 그 사람들이 관찰하고 탐구하면서 찾아낸 지식과 경험을 열심히 배우고 익히세요. 단순히 책을 통해 간접적으로만 받아들이지 말고, 실제로 앞서간 사람들의 발자취를 그대로 따라가 보세요. 잘 알고 있는 지식이라도 관찰과 탐구로써 경험하지 않은 지식은 진짜 나의 것이라고 할 수 없어요. 직접 관찰하고 탐구하는 과정 속에서 새로운 생각과 발견이 나올 수 있기 때문이에요.

아무도 관심 갖지 않는 곳을 찾아봐

　여러분이 관찰 대상으로 삼는 생물들은 대부분 평소 알고 있거나 주변에서 쉽게 만날 수 있는 경우가 많아요. 예컨대 땅속이나 물속에 사는 생물보다는 땅 위에서 살아가는 생물을 관찰하는 경우가 많아요. 땅 위에서 살아가는 생물은 쉽게 눈에 띄는 만큼 관찰하기가 어렵지 않고 또 접근이 편리해요. 이에 비해 땅속이나 물속 생물은 눈에 잘 띄지 않아 만나기가 힘들지요. 하지만 관찰이란 우리 주변에서 쉽게 만날 수 있는 대상만 들여다보는 것이 아니에요. 아무도 관심을 갖지 않는 새로운 영역을 찾아 탐구하는 것도 관찰 활동의 중요한 과정이랍니다. 사람들의 관심과 손길이 닿지 않는 미지의 세계에도 수많은 관찰 대상이 존재하기 때문이에요.

← 땅속 두더지
↓ 물속 기수갈고둥

　우리는 쉽게 만날 수 있는 대상에 관해서는 어느 정도 알고 있는 경우가 많아요. 자세히 관찰해 보지는 않았어도 오랫동안 봐 왔기 때문에 상식적인 수준의 정보를 가지고 있지요. 그렇지만 관심을 갖지 않는 곳에서 살아가는 생물에 관해서는 알고 있는 것이 별로 없어요. 기껏해야 땅속에는 지렁이와 개미가 살고 있고, 물속에는 피라미나 붕어, 가재가 살고 있다고 생각하는 정도이지요. 그런데 우리가 생각하는 것보다 훨씬 더 많은 생물이 자신만의 세계에서 살아가고 있어요.

　먼저 땅속으로 들어가 볼까요? 땅속에서 살아가는 생물 중에는 땅강아지라는 곤충이 있어요. 땅을 팔 때 머리를 흙에 처박는 모습이 개가 땅에 코를 대고 냄새를 맡는 모습과 비슷하다고 해서 붙여진 이름이에요. 땅강아지는 종종 땅 위에 모습을 드러내기도 하지만 대부분 땅속에서 살아가요. 그러다 보니 우리와 마주칠 일이 거의 없어요. 아주 수고스러운 일이지만 일단 녀석과 만나려면 땅속을 파고 안을 들

사육 중인 땅강아지

여다봐야만 해요. 그래야 땅강아지가 어떻게 생겼는지, 어떤 흙에서 주로 살아가는지 알 수 있어요. 하지만 매번 땅강아지를 관찰하겠다고 흙을 파기란 쉽지 않을 거예요. 이럴 때에는 땅강아지를 채집하여 땅속 생태계와 비슷하게 사육 환경을 만든 다음 직접 기르면서 관찰하는 것이 좋아요.

   땅강아지의 몸을 관찰하다 보면 가장 눈에 띄는 부위가 있을 거예요. 바로 삽처럼 생긴 넓적한 앞다리예요. 녀석은 이 앞다리를 이용해 땅속 구석구석을 파고 돌아다녀요. 게다가 머리가 계란처럼 둥근 모양이어서 땅굴을 빠르게 다닐 수 있어요. 모두 땅속 생활에 유리하도록 진화한 독특한 모습이에요. 투명한 사육 상자 안에서 활동하는 모습을 통해 녀석이 땅속에서 어떻게 생활하는지 알 수 있어요.

   이렇게 우리가 자주 접하지 못하는 대상도 관찰 방법을 고민해 보면 아주 가까이서 관찰할 수 있는 새로운 방법을 찾아낼 수 있어요. 무엇을 알고 싶은지 관찰 목적을 분명히 하고 사육하면 의미 있는 결과를 얻을 수 있을 거예요. 관찰이 끝난 뒤에는 원래 채집했던 장소에 돌려보내 주는 것도 잊지 말아야 해요.

숲길을 걷다 보면 쓰러져 죽은 썩은 나무를 볼 수 있을 거예요. 비록 의자도 만들 수 없고, 땔감으로도 쓸 수 없는 쓰레기처럼 보이지만 이런 곳에도 관찰 대상은 존재하고 있어요. 흰개미를 비롯해 하늘소나 사슴벌레 등의 애벌레들이 살아가고 있으니까요. 녀석들은 이런 곳에 살면서 나무를 분해하고 자연 상태로 되돌리는 역할을 해요. 덕분에 숲속 환경은 깨끗하게 유지될 수 있지요. 청개구리와 같이 겨울잠을 자는 생물들에게는 썩은 나무가 추위를 피할 수 있는 따뜻한 집이 되어 주기도 해요. 아무짝에도 쓸모 없는 것처럼 보이지만, 숲속 생물들에게는 없어서는 안 될 소중한 보금자리가 되는 거예요. 죽어서 썩어 버린 나무 하나에도 이렇게 다양한 관찰 대상을 찾을 수 있어요. 무엇을 정해서 관찰할 것인지는 이제 여러분의 손에 달려 있어요.

대부분의 사람들은 더럽고 지저분한 것에는 거의 관심을 갖지 않

죽은 나무의 속껍질에는 영양분이 많아서 개미나 다른 곤충들이 모여든답니다.

선생님, 죽은 나무가 다른 생물들을 살게 하면서 다시 태어나는 것 같아요!

썩은 나무속 흰개미

썩은 나무속 청개구리의 동면

소요산소똥풍뎅이

아요. 하지만 관찰을 하는 사람들은 더러운 것, 깨끗한 것을 따지지 않아요. 오히려 사람들이 피하는 똥이나 죽은 동물의 사체에서 살아가는 생물들에 관심이 많아요. 예컨대 소요산소똥풍뎅이, 대모송장벌레, 날개알락파리와 같은 것들이지요.

똥이나 죽은 동물의 사체는 녀석들에게는 훌륭한 영양분을 제공해 주는 먹이가 돼요. 어떤 사람들은 똥을 하나하나 파서 어떤 먹이가 들어 있는지 일일이 확인하기도 한답니다. 보통 사람들이 보면 결코 이해할 수 없는 일이지만, 새로운 발견을 위한 열정으로 온갖 더럽고 지저분한 일을 마다하지 않지요. 여러분도 관찰에 있어서 그런 열정을 가져 보면 어떨까요?

이번에는 물속으로 들어가 볼까요? 물속을 관찰하는 것도 쉬운 일이 아니에요. 물속에서는 제대로 눈을 뜨기도, 숨을 쉬기도 힘들기 때문이에요. 하지만 물속을 들여다보면 우리가 모르는 새로운 세계가 있음을 알 수 있어요. 육지와 똑같이 식물이 자라고 다양한 동물이 살아가는 물속 생태계 말이에요. 사진에 나온 생물은 검은물잠자리의 애벌레와 송장헤엄치게라는 곤충이에요. 논 주변을 흐르는 개울이나 연못에서 쉽게 만날 수 있는 녀석들이지만, 주로 물속에서 살기 때문에 우리 눈에는 잘 띄지 않지요.

녀석들을 관찰하기 위해서는 뜰채로 채집해서 사육하는 것이 좋아

검은물잠자리 애벌레

송장헤엄치게

요. 앞서 땅강아지를 관찰할 때처럼 서식 환경과 최대한 비슷하게 꾸미고 나서 길러 보면 물속에서 살아가는 녀석들의 생태 모습을 관찰할 수 있어요. 다만 채집할 때에는 진흙이 많은 습지나 물이 깊은 곳, 오염이 심한 장소는 피해야 해요. 무릎 아래 정도 되는 얕은 개울에도 다양한 생물이 살아가고 있으니, 그곳에서 안전하게 채집하는 것이 좋아요. 물속 생물을 다 관찰했으면 자연으로 돌려보내 주는 것 또한 잊지 말아야겠지요.

  사람들의 관심이 닿지 않는 세계를 다시 한 번 들여다보세요. 여태껏 더럽다고, 관찰하기 불편하다고 지나쳐 온 많은 대상들을 외면하지 말고요. 새로운 생물들을 만나고, 또 녀석들이 가진 흥미로운 모습을 관찰하면서 세상을 보는 시선을 넓혀 보세요.

관찰은 밤낮을 가리지 않아

관찰이란 밝은 대낮에만 이루어지는 것이 아니에요. 한밤중에도 관찰은 계속되지요. 햇빛이 환히 비치는 대낮에는 여러 가지 사물을 볼 수 있지만, 칠흑같이 어두운 밤에는 거의 아무것도 보이지 않아요. 그렇게 어두운 밤에 무엇을 관찰하느냐고요? 바로 밤에 활동하는 야행성 동물을 관찰해요. 밤이 되면 낮에 만나지 못했던 새로운 동물들을 만날 수 있어요. 녀석들은 낮에는 땅속이나 나무 구멍과 같은 은신처에 몸을 숨기고 있기 때문에 관찰하기가 어려워요. 날이 어두워질 때까지 기다려야만 하는 것이지요.

밤에 관찰할 수 있는 동물들은 우리가 생각하는 것보다 훨씬 더 많아요. 흔히 야행성 조류로 알려진 올빼미나 부엉이, 소쩍새뿐만 아니라 장수풍뎅이나 폭탄먼지벌레 같은 곤충, 족제비나 오소리, 너구리

낮 동안 낙엽 속에 숨은 두꺼비

같은 포유류, 두꺼비나 도롱뇽 같은 양서류까지 관찰 대상은 끝이 없어요. 어떤 대상을 관찰할지는 자신이 스스로 정해야 해요. 다만 관찰에 서툰 사람이라면 조류나 포유류와 같이 움직임의 폭이 큰 동물보다는 곤충이나 양서류와 같이 이동 공간이 좁은 동물을 관찰하는 것이 더 좋을 거예요.

야행성 동물 관찰은 아무런 준비 없이 시작해서는 안 돼요. 사전에 치밀한 준비가 필요하답니다. 먼저 빛의 양이 풍부한 손전등을 준비해야 해요. 고장이나 파손에 대비해서 여분의 손전등도 준비하는 것이 좋아요. 독충이나 진드기에 물리지 않도록 긴팔 옷과 긴 바지, 모자 등을 착용하는 것도 잊지 말아야 해요. 또 밤에는 시야 확보가 잘 되지 않기 때문에 낮에 미리 관찰할 장소를 정해 두는 일도 필요해요. 하지만 무엇보다 중요한 것은 관찰 대상에 관한 사전 조사와 탐구 계획을 세우는 거예요. 미리 관찰 대상의 습성이나 특징, 관찰할 점을 꼼꼼하게 파악해 두어야 비로소 관찰을 시작할 수 있어요.

먼저 장수풍뎅이를 관찰해 볼까요? 장수풍뎅이를 관찰하려면 수액이 흐르는 오래된 참나무를 미리 찾아 두어야 해요. 밤이 되면 수액을 먹기 위해 많은 수의 곤충들이 참나무로 날아오거든요. 알맞은 나무를 찾았다면 눈에 잘 띄도록 리본 등으로 표시를 해 놓아요. 그동안

선생님, 장수풍뎅이의 뿔이 사슴 뿔처럼 갈라져 있어요!

이렇게 긴 뿔이 나 있는 것은 수컷이에요.

장수풍뎅이

다우리아사슴벌레의 짝짓기

여러분이 봐 왔던 장수풍뎅이는 인공적으로 길러진 녀석들이 많았을 거예요. 사람이 주는 먹이에 길들여진 탓인지 왠지 기운이 없고 약해 보이기도 했을 거고요.

하지만 지금부터 관찰하는 장수풍뎅이는 자연 상태에서 나고 자란 녀석들이에요. 알부터 애벌레, 번데기 시기까지 온갖 위험을 견뎌내고 자라서 생명력이 아주 강하지요. 생물 관찰은 인위적인 모습이 아니라 자연 상태 그대로의 모습을 관찰하는 것이 훨씬 더 의미 있고 가치가 있어요. 인공적으로 사육된 장수풍뎅이와 자연 상태에서 자란 장수풍뎅이는 행동에 어떤 차이가 있는지 비교하고 관찰해 보세요. 이외에도 밤에 활동하는 넓적사슴벌레나 다우리아사슴벌레 등처럼 다른 곤충들도 관찰해 보도록 해요.

두 번째 관찰 친구는 딱정벌레예요. 딱정벌레는 불빛이 있는 곳으로 모이는 습성을 가진 곤충이에요. 이런 습성을 주광성이라고 하지요. 딱정벌레를 만나려면 일단 어두운 밤, 빛이 환하게 비치는 곳이 좋아요. 그런 장소로 쉽게 떠오르는 곳이 있어요. 바로 가로등이 설치된 시골길이에요. 주변에 개울이나 계곡이 있다면 만날 수 있는 확률이 더욱 높아져요. 녀석들은 밤이 되면 움직임이 매우 활발해진답니다. 굶주린 배를 채우기 위해 먹이를 찾아다니는 것이지요. 딱정벌레가 주로 어떤 먹이를 먹는지 관찰해 보세요. 살아 있는 먹이를 사냥하는지, 아니면 죽은 몸뚱이를 먹는지 말이에요. 운이 좋으면 짝짓기를 하는 모습도 볼 수 있을 거예요. 짝짓기에 걸리는 시간이나 알은 어디에 낳는지도 관찰하면 좋을 거예요.

  관찰할 때에는 책이나 다른 사람들로부터 알게 된 간접적인 지식을 실제로 확인해 보아야 해요. 정말로 그 내용이 맞는지 말이에요. 대부분 여러분이 관찰한 결과는 전문가가 밝혀 둔 정보와 비슷할 거예요. 하지만 어떤 때에는 책이나 전문가로부터 알게 된 지식과 자신이 관찰한 결과가 다를 수도 있어요. 이런 때에는 여러분의 관찰 내용을 꼼꼼히 남겨 두는 일이 중요해요. 자신이 관찰을 통해 새로운 사실을 밝혀 낸 것이니까요. 자연 관찰에는 정답이 존재하지 않아요. 똑같은 종이라도 서로 다른 환경과 다양한 변수 속에서 어떤 행동을 할지는 아무도 모르기 때문이에요. 관찰을 통해 찾아낸 새로운 내용과 기록이 있다면 그것이 또 다른 정답이 될 수 있어요.

  마지막 동물은 도롱뇽이에요. 도롱뇽은 비교적 우리에게 친숙한 양서류예요. 하지만 우리가 만난 도롱뇽은 알 상태일 때가 대부분이었을 거예요. 한곳에 가만히 머물러 있으니 어렵지 않게 볼 수 있는 것이지요. 다 자란 도롱뇽은 쉽게 만날 수 없었을 거예요. 낮에는 활동을 하지 않고 주로 땅속이나 돌 틈 사이에 숨어 있으니까요. 도롱뇽을 관찰하기 위해서는 캄캄한 밤이 될 때까지 기다려야 해요. 하지만 밤이 되었다고 해서 아무 데서나 도롱뇽을 관찰할 수 있는 것은 아니에요. 무작정 숲속을 돌아다닌다고 해서 도롱뇽을 만날 수 있는 것은 더욱더 아니고요.

  도롱뇽을 만나려면 녀석들이 살 만한 장소를 미리 파악하고 조사

도롱뇽　　　　　　　　　　　　　도롱뇽 서식지

　해 두어야 해요. 그러면 조금이나마 만날 수 있는 확률이 높아지겠지요? 하지만 그렇게 꼼꼼히 준비를 하더라도 항상 관찰에 성공하는 것은 아니에요. 야생 동물이 "저를 관찰해 주세요!" 하면서 친절하게 사람들을 기다리고 있는 것이 아니니까요. 야생 동물 관찰은 대부분 여러 번의 헛걸음과 시도의 과정을 거친 뒤에야 비로소 이루어질 수 있어요. 누가 시켜서 하는 일이라면 절대 그렇게 하지 못할 거예요. 야생의 동물을 만나고 관찰하는 일에는 마음속에 품은 의문을 해결하고 자신이 좋아하는 일에 몰입하는 과정이 들어 있어요.

　사람들이 생각하기에 한밤중 숲속은 모든 생물이 잠들어 있을 것만 같아요. 하지만 그것은 사람들의 고정관념일 뿐이에요. 밤에는 잠들어 있지 않은 수많은 생명들이 더 치열하게 생존 활동을 벌이고 있어요. 그 안으로 한걸음 들어가 보면 여태껏 만날 수 없었던 다양한 생명들의 삶을 들여다볼 수 있을 거예요.

뚜렷한 목적이 필요해

 어떤 대상을 좋아하고 호기심을 갖는 것은 매우 중요한 일이에요. 거기서부터 비로소 관찰이 시작될 수 있으니까요. 하지만 단지 좋아하는 마음으로 무작정 보기만 하는 것은 관찰이라고 할 수 없어요. 무엇을 알고 싶은지, 어떤 점이 궁금한지 뚜렷한 관찰 목적이 없기 때문이에요. 아무런 목적이 없는 관찰은 단순한 즐거움이나 신기함을 느끼는 것으로 끝나는 경우가 많아요. 무엇인가를 관찰했으면 의미 있는 성과를 내는 것이 좋겠지요? 그것이 자신뿐만 아니라 다른 사람들에게도 가치를 주는 일이라면 더욱 그럴 거예요. 그렇다면 일단 관찰하려는 목적을 분명히 해 두는 것이 필요해요.

 관찰 목적은 다양해요. 단순한 호기심을 해결하기 위한 것일 수도 있고, 자연의 섭리를 이해하려는 보다 더 거창한 것일 수도 있어요.

양서류 관찰 장면

 또 단기간에 끝날 수 있는 쉬운 것일 수도 있고, 오랜 기간이 필요한 어렵고 복잡한 것일 수도 있어요. 어떤 관찰 목적이 더 뜻있고 보람이 있는가를 따지는 것은 중요하지 않아요. 일상 속에서 관찰 대상과 그 목적을 찾아 관찰을 시작하는 행동 자체가 의미 있는 일이기 때문이에요. 대부분의 사람들은 관찰의 대상도, 그 필요성도 느끼지 못하고 살아가는 경우가 많아요. 뚜렷한 목적을 갖고 대상을 관찰하다 보면 세상을 보는 눈이 한 단계 더 성장할 거예요.

 선생님은 한동안 양서류 관찰에 몰입하던 때가 있었어요. 수년간에 걸쳐 참개구리, 산개구리, 옴개구리, 금개구리, 도롱뇽, 청개구리, 두꺼비, 무당개구리 등의 성장 과정을 촬영하고 관찰했지요. 녀석들의

1. 산개구리 2. 옴개구리의 물속 모습
3. 무자치
4. 쇠살모사

천적인 무자치나 유혈목이, 쇠살모사 등에도 관심을 가졌고요. 그러다가 양서류의 생태에 관한 다큐멘터리를 만들고 싶다는 생각이 들었어요. 선생님 혼자서만 즐거워하지 말고 지금 하는 일이 다른 사람들에게도 뜻깊고 가치 있는 일이 될 수는 없을까 하고 말이에요.

양서류 관찰은 분명 즐거워서 하는 일이었어요. 하지만 다큐멘터리를 만드는 것은 생각했던 것보다 훨씬 더 힘들고 고된 작업이었어요. 여기저기에 흩어져 있던 정보들을 한데 모으고, 다시 깊은 생각과 고민의 과정을 거쳐야만 했기 때문이에요. 재미나 즐거움만을 좇았다면 결코 '양서류 다큐멘터리'를 만들지 않았을 거예요. 그랬다면 다른 사람들에게 가치 있는 결과를 제공하지 못했을 테고요. 다큐멘터리 작업은 자기 자신과의 지극히 어려운 싸움이었어요. 하지만 당시에는 오로지 양서류의 생태를 다큐멘터리로 만들어야겠다는 하나의 목적만 생각할 뿐 다른 생각은 하지 않았어요.

먼저 기존에 관찰한 자료와 촬영한 영상을 분류했어요. 그러고 나서 부족한 자료와 영상을 보충하기 위해 이곳저곳을 다니며 양서류를 관찰하기 시작했어요. 하지만 공들인 시간과 노력에 비해 관찰 결과는 좋지 않은 경우가 많았어요. 관찰 목적과 열정은 대단했지만 상대적으로 계획을 세우고 준비하는 데에는 소홀했기 때문이었어요.

관찰 목적이 생겼다면 실행을 위한 구체적인 계획을 세워야 해요. 아무런 계획 없이 관찰하다보면 뒤죽박죽 엉망이 되어 버려서 다시 처음부터 관찰을 해야 해요. 또 반드시 관찰해야 할 내용임에도 불구하고 그냥 지나쳐 버리기도 쉽지요. 관찰 계획을 미리 세워 두면 관찰 과정에서 생기는 불필요한 시행착오를 줄이고 보다 더 알찬 관찰이 이루어질 수 있어요.

특히 양서류는 짝짓기나 알이 성장해 가는 과정이 봄, 여름에 한정되어 있어서 이 시기를 놓치면 관찰을 할 수가 없어요. 만약 관찰을 못 하면 다음 해를 기다려야만 하지요. 그래서 더욱 더 치밀하게 준비해야 했어요. 생태 습성과 주요 서식지 등을 꼼꼼히 조사하고 난 후에 날짜별로 계획을 세웠어요. 부족한 경우에는 전문가에게 연락해서 조언을 받기도 했고요. 시행착오는 한 단계 더 성장하기 위해서는 분명 필요한 일이지만, 불필요한 시행착오는 줄이는 것이 보다 더 의미 있는 결과를 가져올 수 있어요.

어떤 대상을 집중해서 관찰하는 일은 즐거운 일이에요. 그 과정에서 생기는 힘들고 어려운 일도 감수하게 될 정도로 말이에요. 선생님은 양서류의 새로운 모습을 발견할 수 있다면 그 어떤 어려움도 마다하지 않았어요. 맹꽁이의 번식을 촬영하기 위해 하루에 수백 킬로미터 거리를 이동하기도 하고, 금개구리의 생활사를 관찰하기 위해 몇 달 간 논과 개울을 찾아다니기도 했어요. 올챙이나 도롱뇽 유생이 물속에서 어떤 모습으로 지내는지 알아내기 위해 머리를 물속에 넣고 관찰하기도 했지요. 이런 모습을 다른 사람들이 보았다면 미친 사람으로 여겼을지도 몰라요. 맞아요! 그때 선생님은 양서류를 관찰하는 데 푹 빠져 있던 사람이었어요. 하지만 그렇게 몰입해 있었기 때문에

금개구리

고되고 힘든 과정을 견디고 이겨 낼 수 있었답니다.

  목적을 갖고 관찰하면 알고 싶거나 발견하고 싶은 모습에 집중할 수 있어요. 또 오랫동안 포기하지 않고 끌어갈 수 있는 힘을 얻을 수 있어요. 관찰 목적을 갖고 대상을 들여다보세요. 관찰 내내 머릿속으로 '왜?'라는 생각을 하면서 관찰 대상에 몰두해 있는 자신을 만날 수 있을 거예요.

개성적인 특징을
잘 파악해야 해

　이 세상에는 각양각색의 생물들이 살고 있어요. 생김새가 비슷해 보인다고 해도 저마다 서로 다른 특징을 가지고 있기 마련이지요. 관찰을 시작하려면 그 대상을 대표할 수 있는 개성을 찾는 것이 좋아요. 그러면 관찰이 더 쉽고 재미있어지거든요. 녀석들이 가진 개성은 겉으로 드러나는 경우도 있지만 감추고 있는 경우도 많아요. 특별한 상황에서만 숨은 모습을 드러내기 때문에 꾸준함과 끈기가 필요해요. 기다린다고 해서 발견할 수 있는 것도 아니지요. 이러한 상황을 묵묵히 버티고 관찰한 사람들만이 생물의 새로운 모습을 발견할 수 있는 기회가 생겨요. 그럼 독특한 특징을 가진 생물들을 관찰해 볼까요?

천적을 만난 무당개구리의 경계 행동

무당개구리의 천적인 유혈목이

개성적인 특징을 잘 파악해야 해 67

사진에 나온 생물은 무당개구리예요. 무당이라는 이름처럼 몸 색깔이 매우 화려한 녀석이지요. 하지만 무당개구리가 가진 독특한 개성은 화려한 몸 색깔이 아니에요. 그것은 바로 천적의 위협에 대비하는 방어 전략이에요. 평소에는 보기가 어렵지만, 뱀과 같은 천적과 맞닥뜨리면 비로소 그 모습이 드러난답니다.

뱀과 무당개구리가 만나는 장면을 관찰하는 것은 쉽지 않아요. 오랜 시간 발로 뛰어다니거나 기다려야만 만날 수 있지요. 운 좋게 그 장면을 관찰하게 되면 아주 재미있는 점을 발견할 수 있어요. 무당개구리가 뱀을 그다지 무서워하지 않는다는 사실이에요! 참개구리나 산개구리는 뱀을 만나면 꽁지가 빠지도록 멀리 점프해서 도망치는 경우가 많아요. 하지만 무당개구리는 도망치려 하지 않아요. 오히려 여유를 부릴 정도예요.

사진 속 장면이 바로 녀석이 경계하는 모습이에요. 땅바닥에 발라당 엎드려서 다리를 들어 올린 모습이 마치 벌을 서는 것 같지요? 이렇게 경계 행동을 취할 때 녀석의 피부에서는 점액질의 독이 분비돼요. 그러면 천적들은 무당개구리를 사냥하지 않고 자리를 피해 버려요. 온몸에서 나오는 무서운 독 때문에 잡아먹을 수가 없는 거예요. 그동안은 뱀이 당연하게 개구리를 잡아먹는 것으로만 알고 있었는데 말이에요. 이처럼 틀에 박힌 고정관념은 자연 속에서 늘 깨지기 마련이랍니다.

더 나아가 무당개구리나 산개구리, 참개구리의 뒷다리를 자세히 관

선생님, 무당개구리는 뒷다리 근육이 별로 없어 보여요.

확실히 아래 두 개구리의 뒷다리 근육과는 차이가 있지요?

◁··· 무당개구리의 뒷다리 비교 사진

산개구리의 뒷다리 비교 사진

참개구리의 뒷다리 비교 사진

찰하고 비교해 보세요. 그러면 독이 있는 무당개구리와 그렇지 않은 개구리들의 생김새의 차이를 알 수 있어요. 산개구리나 참개구리를 관찰하면 뒷다리 근육이 잘 발달해 있다는 사실을 발견할 수 있을 거예요. 언제 어디에서든지 천적과 마주치면 멀리 점프해서 도망칠 수 있도록 말이에요. 하지만 무당개구리는 뒷다리 근육이 별로 발달해 있지 않아요. 피부에 독을 가지고 있으니 멀리 도망칠 필요가 없기 때문이지요. 똑같은 개구리인 줄 알았는데 독이 있고 없음에 따라 생김새에 차이가 있다는 사실이 신기하지 않나요? 이것이 바로 관찰을 통해 알게 되는 새로운 발견의 즐거움이에요.

두 번째로 관찰할 생물은 거위벌레라는 곤충이에요. 빨간색을 띤

거위벌레

거위벌레 알집

강렬한 몸 색깔 덕분에 나뭇잎 위에 달라붙어 있으면 쉽게 발견할 수 있는 녀석이지요. 거위벌레는 머리 뒷부분이 마치 거위의 긴 목을 보는 것처럼 매우 독특한데, 한 번 보면 결코 잊히지 않을 정도예요. 하지만 녀석이 가진 진짜 개성은 다른 데에 있어요. 바로 알집을 만드는 것이지요. 거위벌레는 마치 재단사가 옷을 만드는 것처럼 잎을 잘라서 알집을 만들어요. 가위나 칼도 없이 입으로 알집을 만들어 가는 모습은 경이롭기까지 하답니다.

다 만들어진 알집을 관찰해 보면 돌돌 말린 것이 꼭 김밥을 말아 놓은 것 같지요. 이렇게 독특한 알집을 만드는 것은 천적으로부터 알을 보호하고 알에서 깬 애벌레가 잎을 먹으며 성장할 수 있도록 하기 위해서예요. 어미 덕분에 알은 알집 속에서 안전하게 지낼 수 있어요. 작디작은 곤충의 세계에도 새끼를 아끼고 사랑하는 마음은 사람과 별반 다를 게 없는 것 같아요.

마지막으로 관찰할 생물은 노랑부리저어새예요. 노랑부리저어새는 날씨가 쌀쌀해지는 가을 무렵 우리나라를 찾아와 이듬해 봄이 되면 떠나는 겨울 철새예요. 녀석은 주변에서 흔히 볼 수 있는 다른 새들과는 달리 아주 독특하게 생긴 부리를 가지고 있어요. 생김새가 비슷한 백로나 왜가리는 끝이 날카로운 창처럼 생긴 부리를 가졌지만, 녀석은 기다란 수저나 주걱처럼 생긴 부리를 가졌거든요. 어떤가요? 부리가 정말 주걱처럼 생겼지요? 노랑부리저어새와 왜가리는 부리의 생김새만큼이나 사냥 방법도 전혀 달라요.

노랑부리저어새

왜가리

백로

　백로나 왜가리는 날카로운 부리를 마치 창처럼 이용해서 물고기를 잡아먹어요. 하지만 노랑부리저어새는 주걱처럼 생긴 부리를 물속에 넣어서 반원을 그리듯 좌우로 휘저어 가며 먹이를 잡아먹어요. 왜가리가 정밀하게 조준해서 먹이를 잡는다면, 노랑부리저어새는 최대한 입질을 많이 해서 먹이가 얻어 걸리게 만드는 구조라고 볼 수 있어요. 여기까지가 관찰을 통해 알게 된 사실들이에요. 이러한 결과를 통해 둘 사이를 서로 비교, 분석하고 추론해 보면 새로운 결론을 이끌어 낼 수도 있답니다.

　예컨대 부리의 생김새가 먹이 활동에 어떤 영향을 끼치는지 생각해 보고, 과연 두 녀석 중에서 누가 더 먹이 사냥에 유리한지 자신의

왜가리의 사냥

생각을 정리하는 것이지요. 그러면 다음과 같은 추론도 할 수 있어요. 곧 먹이가 풍성하던 시절에는 물속을 휘저어 가며 먹이를 사냥하는 것이 훨씬 더 효율적이었겠지만, 환경오염으로 먹이가 부족해진 오늘날에는 그렇게 하는 것이 별로 유리하지 않겠다는 생각을 말이에요. 서로 다른 생김새를 관찰하고 비교하는 것만으로 그 안에 숨어 있는 원리까지 추론할 수 있다니 놀랍지 않나요? 이것이 바로 관찰이 주는 힘이겠지요?

> 거리가 중요한 게 아니야

　관찰은 자세히 들여다보는 것이라고 했어요. 그런데 자세히 들여다보려면 어떻게 해야 할까요? 가장 쉬운 방법은 관찰 대상에게 최대한 가까이 가는 거예요. 풀이나 나무처럼 움직이지 않거나 곤충이나 개구리처럼 움직이는 범위가 좁은 동물은 비교적 쉽게 가까이 갈 수 있어요. 하지만 가까이 다가가기 어려운 대상은 어떻게 해야 할까요? 주변의 작은 변화에도 멀리 달아나 버리는 삵이나 새처럼 말이에요. 가장 간단하고 쉬운 방법은 먼 거리를 관찰할 수 있는 망원경이나 고배율의 렌즈를 사용하는 거예요. 멀리 떨어져 있는 대상을 바로 눈앞에 있는 것처럼 관찰할 수 있으니까요. 도구의 힘을 빌려 거리의 한계

백로 떼

를 극복하는 것이지요. 하지만 뛰어난 성능만큼이나 값이 비싸다는 단점도 있어요.

 그런데 물체를 가까이 보려면 반드시 관찰 대상에게 접근해야만 할까요? 반대로 관찰 대상이 직접 관찰자에게 오게 할 수는 없을까요? 꽃이나 나무처럼 한곳에 고정되어 있는 대상은 불가능하지만 삵이나 고라니, 백로처럼 이동할 수 있는 동물들은 관찰자에게 가까이 오게 할 수 있어요. 그 방법은 바로 자연 상태와 최대한 비슷하게 위장하고 기다리는 거예요. 텐트를

삵

거리가 중요한 게 아니야

위장막 바로 앞에서 관찰한 노랑발도요

이 새는 왜 노랑발도요라는 이름으로 불리나요?

다리와 발가락이 노란색을 띠고 있기 때문이랍니다.

설치해도 좋고 움막을 만들어도 좋아요. 다만 주변의 나뭇가지나 낙엽, 풀 등을 이용하여 자연스럽게 꾸며 놓아야 해요. 그런 다음 안에서 조용히 기다리다 보면 관찰 대상이 나타날 거예요.

위장막 속에 숨어 있으면 생각지도 못했던 여러 동물들을 만나기도 해요. 아주 예민해서 평소 가까이서는 거의 만날 기회가 없었던 동물들이 거리낌 없이 위장막 근처까지 다가오기 때문이에요. 여름의 끝 무렵, 갯벌에서 먹이 활동을 하는 물총새를 관찰하기 위해 위장을 하고 있을 때였어요. 물총새가 나타나지 않아 갯벌에서 활동 중인 게와 망둑어를 쳐다보고 있었지요. 갑자기 노랑발도요 한 무리가 갯벌에 내려앉았어요. 녀석들은 시베리아 지역의 추운 겨울을 피해 남쪽으로 이동하던 중에 이곳에 들른 것이었어요. 얼마나 배가 고팠는지 허겁지겁 먹이 활동을 하기 시작했어요. 한 녀석은 위장막 바로 앞까지 와서 저와 눈이 마주치기도 했어요. 한창 게를 잡아먹는 모습이 카메라에 생생하게 담겼지요.

평소에는 아주 작은 움직임에도 멀리 날아가 버리던 왜가리와 백로도 위장막 근처로 날아왔어요. 녀석들은 주변의 움직임을 경계하면서 개울에서 한참 동안이나 먹이 활동을 했어요. 새뿐만 아니라 족제비 한 마리도 관찰되었어요. 녀석은 야행성 동물이지만 웬일인지 한낮에 활동하고 있었어요. 아마도 갯벌 주변으로 날아든 새를 잡아먹기 위해서였던 것 같아요. 갯바위 사이에 위장막을 치고 기다리고 있었는데 여러 동물들이 스스로 선생님 곁으로 찾아온 거예요. 이처럼 반드시 관찰자가 관찰 대상에 가까이 접근하지 않아도 여러 대상을 관찰할 수 있는 방법이 있답니다.

위장막 속에 몸을 숨기고 관찰하는 것은 평소 가까이서 보지 못하던 야생 동물을 볼 수 있는 좋은 기회예요. 하지만 위장막 속에서 녀석들이 나타날 때까지 기다리는 것은 무척 힘들고 고된 일이에요. 운이 좋으면 여러 동물을 만날 수 있지만, 그렇지 않은 경우에는 아무것도 관찰하지 못할 수도 있어요. 한두 번 드러나지 않게 숨는다고 해서

나비(암먹부전나비) 관찰

꼭 만날 수 있는 것도 아니고요. 묵묵히 참고 기다려야만 만날 수가 있는 것이지요. 그래서 야생 동물을 관찰하는 것은 사랑과 열정이 없으면 할 수 없는 일이에요.

  관찰을 할 때에는 가까이서 자세히 들여다봐야 하지만 때로는 거리를 두고 전체를 살펴볼 필요도 있어요. 나무의 생김새만 관찰하다 보면 숲 전체를 보기 어려워지기 때문이에요. 부분도 중요하지만 그것 못지않게 전체적인 큰 틀과 흐름을 놓쳐서는 안 돼요. 꽃에 앉은 한 마리의 나비를 관찰하다가도 틈틈이 식물 전체에 어떤 곤충들이 와 있는지 주변을 둘러보는 여유를 가져야 해요. 그래야 나비와 식물의 관계, 나비와 주변 곤충과의 관계 등을 폭넓게 이해할 수 있어요.

우연한 만남의 순간을 놓치지 마

 관찰은 목적을 갖고 계획을 세워서 진행하는 것이 좋아요. 하지만 관찰 과정에서 우연히 마주치게 된 대상을 기록하는 것도 매우 중요한 일이에요. 평소에는 쉽게 만날 수 없는 보기 드문 현상이라면 더욱 그렇지요. 예컨대 먹이를 사냥하는 장면이라든가 허물을 벗는 장면 등은 누구에게라도 아주 훌륭한 관찰의 기회가 될 수 있어요. 이럴 때에는 일단 관찰을 해 놓는 것이 좋아요. 관찰하고 기록으로 남겨 두면 언젠가는 소중한 정보로 활용할 수 있으니까요.

 자연 속에서 대상을 마주하는 장면은 매우 짧은 시간 동안에 지나가는 경우가 많아요. 작은 움직임에도 쉽게 도망쳐 버리기 때문에 매우 조심스럽게 접근해야 하지요. 잠자리가 알을 낳는 모습으로 관찰

큰밀잠자리 암컷의 산란 모습

연습을 해 볼까요? 이 사진은 생태 공원을 산책하다 우연히 발견한 장면이에요. 항상 주변을 주의 깊게 살피다 보면 뜻하지 않게 이런 장면을 관찰할 수 있어요.

물가에 정지 비행을 하고 있는 이 녀석은 큰밀잠자리 암컷이에요. 녀석을 자세히 관찰해 보면 독특한 행동을 발견할 수 있어요. 물가를 비행하면서 배 끝으로 물을 툭툭 치는 행동이에요. 암컷이 배 끝으로 물을 치는 이유는 알을 낳기 위해서랍니다. 방법이 아주 독특하지요? 큰밀잠자리 암컷은 이런 행동으로 기다란 산란판에 붙은 알을 물속에 떨어뜨려요.

이때 관찰력이 좋은 친구라면 암컷 주변을 날아다니는 또 다른 잠자리 한 마리도 놓치지 않을 거예요. 바로 큰밀잠자리 수컷이에요. 이렇게 수컷이 암컷 주변을 날아다니는 것은 알을 낳는 데 온 신경을 집중하는 암컷을 보호하기 위해서예요. 혹시라도 근처에 천적이 있지는 않은지 살펴보면서 말이에요. 종을 유지하기 위한 녀석들의 노력이 참 대단하지 않나요?

큰밀잠자리 부부가 짝짓기를 하고 알을 낳기까지는 대략 10분 정도가 걸렸어요. 일상생활 속에서 10분이라는 시간은 매우 짧은 시간이라고도 할 수 있어요. 시험 문제를 몇 개 풀지도 못하고 게임도 시작하자마자 그만 둬야 하는, 결코 충분하지 않은 시간이겠지요. 하지만 관찰을 할 때 시간이 짧더라도 온 정신을 집중하다 보면 이처럼 의미 있는 발견을 할 수 있어요.

다음은 잠자리가 수채(잠자리의 애벌레를 부르는 이름)에서 성충으로 탈바꿈하는 순간의 모습으로 관찰 연습을 해 보기로 해요. 사람들이 기억하는 잠자리는 하늘 위를 날아다니거나, 땅 위의 풀이나 꽃에 앉은 모습이 대부분이에요. 땅 위에서의 모습은 알, 수채(애벌레), 성충으로 이어지는 생활사 중에서 일부에 지나지 않아요. 녀석들은 오랜 시간 동안 알과 수채 상태로 물속에서 살아가기 때문이에요.

자연 상태에서 잠자리 수채가 물 밖으로 나오는 순간을 포착하는 것은 쉬운 일이 아니에요. 관찰을 위해 매일 같은 장소를 찾아가기도 어려울 뿐더러, 성체로 우화하는 시간도 매우 짧아서 그 시간과 딱 맞아 떨어지지 않으면 사실상 불가능하지요. 이번에 소개할 쇠측범잠자리도 등산 도중 우연히 만나 관찰하게 된 녀석이에요. 휴식을 위해 계곡 바위에 앉으려는데, 물 밖으로 꼬물꼬물 기어 나오는 한 무리의 녀석들이 보였어요. 가까이 가서 보니 쇠측범잠자리 수채였어요.

녀석들은 물속에서 기나긴 겨울을 보내고 봄이 되자 물 밖으로 나온 것이었어요. 어른 잠자리로 탈바꿈을 하기 위해서 말이에요. 수채는 느릿느릿 움직였지만 온 힘을 다해 장애물을 하나씩 하나씩 넘어서 마침내 가장 높은 바위로 올라갔어요. 그러더니 자리를 잡고 허물

쇠측범잠자리의 우화 순간

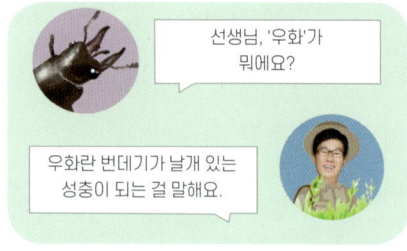

선생님, '우화'가 뭐에요?

우화란 번데기가 날개 있는 성충이 되는 걸 말해요.

을 벗기 시작했어요. 가장 먼저 수채 등의 껍데기가 갈라지면서 천천히 머리가 나왔어요. 녀석은 아주 천천히 허물을 벗었어요. 마지막 배 끝부분이 나올 때쯤에는 더욱 조심스러웠지요.

완전히 허물을 벗은 쇠측범잠자리는 껍데기에서 조금 떨어진 곳으로 천천히 자리를 옮겼어요. 돌돌 말려 있던 날개가 서서히 펴지자 잠자리의 모습이 나타났어요. 계곡 주변에는 먼저 우화를 마친 녀석들이 젖은 날개를 말리고 있었어요. 온전한 날개 상태가 아니었기 때문에 사람이 접근해도 멀리 날아가지 못했지요.

수채 한 마리가 성충으로 탈바꿈하는 데에는 대략 15분이 걸렸어요. 사람에게는 매우 짧은 시간이겠지만 녀석들에게는 수채에서 성체가 되는 가장 소중한 시간이었을 거예요. 또 삶과 죽음을 가르는 가장 위험하고 고통스러운 시간이었을 테고요. 우연히 관찰한 쇠측범잠자리의 우화 과정은 잠자리의 생태는 물론 자연과 인간의 관계까지도 생각해 보는 의미 있는 시간이 되었어요.

 다음은 우연히 마주친 사냥 장면으로 관찰하는 연습을 해 보기로 해요. 자연 상태에서 야생 동물이 사냥하는 것을 보는 일은 매우 어려워요. 사냥 장면을 관찰하기 위해 일일이 찾아다닌다고 생각해 보세요. 정말 힘들겠지요? 혹시 운 좋게 발견했다고 하더라도 그 동물이 "어서 관찰하세요!" 하고 반갑게 맞아 주지도 않을 테고요. 그래서 동물의 사냥 장면을 만나기 위해서는 많은 관찰 시간과 노력, 그리고 경험이 필요해요. 그 과정에서 우연찮게 사냥 장면을 포착하게 되는 것이지요.

 어떤 친구들은 동물이 사냥하는 모습을 보면서 즐거워하기도 해요. 뱀이 개구리를 삼키거나 사자가 가젤을 잡아먹는 TV 속 영상을 구경거리로 여기면서 말이에요. 하지만 사냥 장면을 관찰하는 일은 단순한 흥미나 재미를 위해서 하는 게 아니에요. 어떤 동물이 더 강하고 약한지 등수를 알아보려고 하는 것은 더더욱 아니고요. 그것은 자연 속에서 살아가는 생물들 간의 치열한 생존 현장을 만나기 위해서예요. 멀리서 바라보는 자연은 평화롭게만 보이지만 실제 그 안은 시시

주둥이노린재의 애벌레 사냥

긴호랑거미의 먹이 사냥

각각 삶과 죽음이 오가는 전쟁터와 같아요. 자연 속에서 살아가는 생물들 간의 관계를 관찰함으로써 건강한 생태계가 무엇인지를 생각해 볼 수 있을 거예요.

포유류나 조류, 파충류에 비해 곤충이나 거미의 사냥 장면은 만나기가 쉬워요. 멀리 이동하지 않고 주변에 머무는 경우가 많아서예요. 여기 주둥이노린재가 애벌레 한 마리를 사냥한 사진을 볼까요? 기다란 주둥이 끝의 뾰족한 침을 애벌레 몸에 찔러서 즙액을 빨아 먹고 있어요. 사냥한 지 꽤 시간이 지났는지 앞부분은 벌써 홀쭉해져 있네요. 개미나 노린재, 거미 등 몸집이 작은 동물이라고 해서 그들의 생명 활동마저 작고 하찮은 것이 아니에요. 사진에서 보는 것처럼 녀석들도 생존을 위해 치열하게 살아가고 있으니까요. 노린재는 애벌레를 잡아먹어야 살아갈 수 있고, 애벌레는 노린재의 위협으로부터 벗어나야 살 수 있지요. 이렇게 서로 먹고 먹히는 관계를 통해 숲 생태계가 건강하게 유지될 수 있어요.

개미의 송장벌레 분해

자연 속에서는 영원한 승자도 패자도 없어요. 노린재는 애벌레를 잡아먹지만, 노린재는 다시 새들에게 잡아먹혀요. 송장벌레는 죽은 동물을 분해하며 살아가지만, 녀석 역시 죽으면 개미에게 분해되어 사라져요. 동물들은 저마다 각자의 입장에서 최선을 다해 살아가고 있을 뿐 나쁜 동물, 착한 동물이 따로 있는 게 아니에요. 우연찮게 만난 사냥 장면의 관찰을 통해 거대한 자연의 품을 이해하는 데 한 발짝 다가서게 됩니다.

위에서 살펴본 사례와 같이 관찰은 우연처럼 찾아오는 경우가 많아요. 하지만 그것은 끊임없이 관찰하기 위한 노력의 과정 속에서 주어지는 것이라고 할 수 있어요. 한두 번 자연 관찰을 한다고 해서 보기 드문 순간의 모습을 만나기란 어렵다는 말이지요. 자연을 소중히 여기는 마음이 없다면 나에게 찾아온 기회는 사라지고 말 거예요. 기회를 포착하고 그것을 자세히 기록하는 것도 관찰의 일부랍니다.

서서히 변해 가는 대상을 관찰해 봐

　지구상에 살아가는 생물들의 생활사는 그 수만큼이나 다양하고 복잡해요. 같은 곤충에 속한 녀석들이라 하더라도 저마다 각기 다른 생활사를 가진 경우가 많아요. 예컨대 하루살이나 메뚜기처럼 1년 남짓한 짧은 한살이를 가진 녀석들이 있는가 하면, 매미처럼 10년이 넘는 긴 한살이를 가진 녀석들도 있어요. 식물의 경우에도 마찬가지예요. 강낭콩처럼 짧은 한살이를 가진 종이 있는가 하면, 은행나무나 소나무처럼 수십 년, 수백 년에 걸친 오랜 한살이를 가진 종도 있어요. 생물들의 생활사를 관찰하는 데에는 한 시간, 하루, 이틀 정도의 짧은 시간으로는 많이 부족할 거예요. 긴 시간에 걸쳐 서서히 변해 가는 과정을 관찰하는 일이 필요하답니다.

사람들이 보기에 한살이가 짧은 생물들은 그 성장 속도를 어느 정도 알아차릴 수 있어요. 몸집이나 크기, 형태 등 시간이 지남에 따라 변화하는 모습을 확인할 수 있으니까요. 하지만 성장 속도가 너무 느린 생물들은 변화 정도를 쉽게 알아차릴 수 없는 경우가 많아요. 사람들 눈에는 거의 변화가 없는 것처럼 보이기 때문이에요. 그렇다고 해서 성장이 멈춰 있는 것은 아니에요. 녀

아름드리 금강송

석들은 매초, 매시간마다 지속적으로 움직이고 변화하고 있어요. 다만 사람들 눈에 보이지 않을 뿐이지요. 그 기간을 일주일, 또는 한 달, 일 년, 십 년 간격으로 살펴보면 눈에 띄는 변화 과정을 발견할 수 있어요.

이 세상에는 고정되어 있고 멈춰 있는 것은 없어요. 사람이 만든 '시간'이라는 관점에서 보았을 때 처음과 달라진 게 없는 것처럼 보일 뿐이에요. 길가에 흩어져 있는 흙을 보세요. 이 흙은 맨 처음부터 흙의 모습을 하고 있었던 것이 아니에요. 커다란 암석이 잘게 부서지

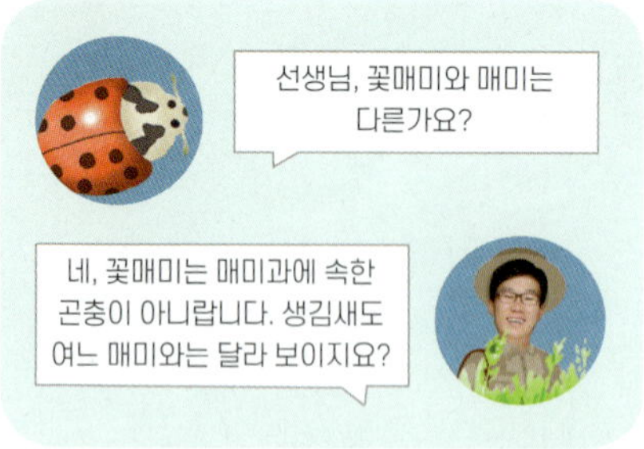

선생님, 꽃매미와 매미는 다른가요?

네, 꽃매미는 매미과에 속한 곤충이 아니랍니다. 생김새도 여느 매미와는 달라 보이지요?

고 돌멩이가 되었다가 모래를 거쳐 마침내 흙이 된 것이지요. 그 과정은 100년을 채 못 사는 사람의 기준에서는 평생 동안 관찰해도 알아낼 수 없을 거예요. 돌이 흙이 되는 과정은 수십만, 아니 수천만 년에 걸쳐서 이루어지는 것이기 때문이에요. 서서히 바뀌어 가는 자연 속 미세한 변화를 관찰하면서 그 안에 깃든 생명의 신비로움과 경이로움의 세계를 만나 보세요.

 사진에 나온 녀석은 꽃매미라는 곤충이에요. 흔히 농작물에 피해를 주는 해충으로 알려져 있지요. 꽃매미는 번데기 과정을 거치지 않고 알, 약충, 성충으로 '불완전 변태'를 해요. 성장 시기별로 몸 색깔

꽃매미 약충(어린 약충)

꽃매미 약충(4령이 지난 약충)

꽃매미 성충

과 형태가 뚜렷하게 달라져서 관찰에 익숙하지 않은 친구들이 변화 과정을 알아 가는 데에는 더할 나위 없이 좋은 대상이지요. 꽃매미는 알집이 나무에 붙은 상태로 겨울을 보내요. 전혀 알처럼 보이지 않지요? 나무껍질과 색깔이 비슷해서 눈에 잘 띄지도 않고요. 추운 겨울이 지나고 이듬해 봄이 되면 약충들이

꽃매미 알집

알에서 깨어 나와요. 갓 깬 녀석들은 몸 색깔이 하얗지요. 하지만 곧 흰색과 검은색을 띤 다소 괴상한 모습으로 변한답니다.

 그러다가 4령 정도의 약충 시기가 되면 빨간색이 생겨나기 시작해요. 여태껏 보지 못했던 새로운 색깔이 나타나는 것이지요. 성충이 되면 회색빛의 몸으로 변하고, 날개를 펼치면 빨간색과 검은색, 흰색을 띤 화려한 속 날개가 보여요. 10분, 20분의 짧은 시간 동안은 별로 달라진 게 없는 것처럼 보일 수도 있어요. 하지만 두 달여 기간 동안 꽃매미는 알에서 약충을 거쳐 성충으로 극적인 변화를 맞이하지요. 두 달 정도는 사람들에게는 비교적 짧은 시간이지만 녀석들에게는 20년처럼 긴 시간일지도 몰라요.

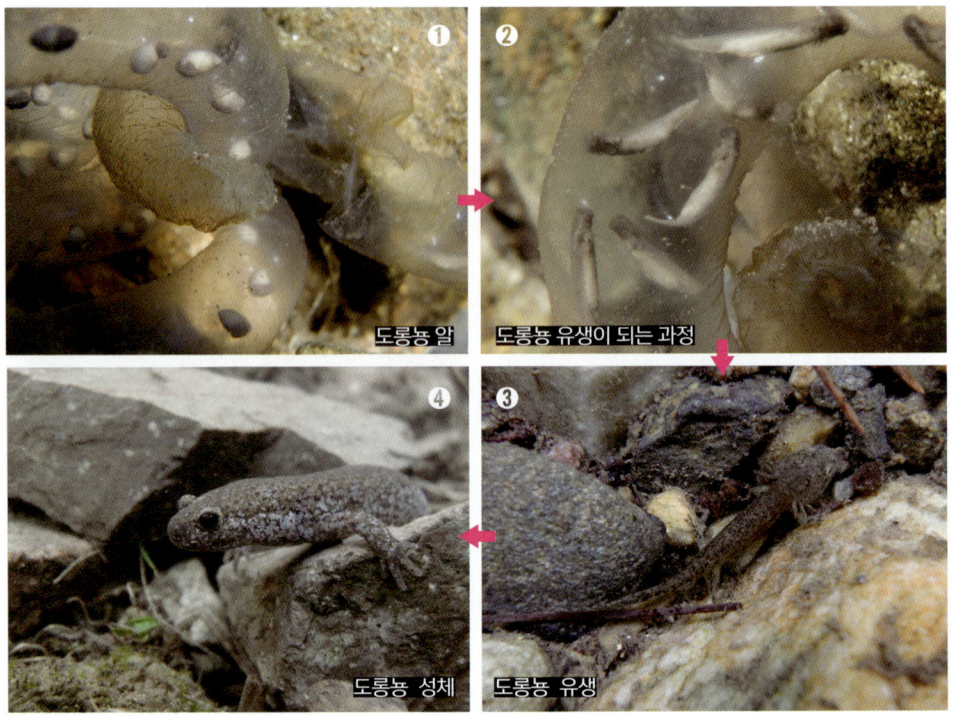

도롱뇽의 성장 과정

　이번에는 도롱뇽의 성장 과정을 관찰해 볼까요? 계곡 물속이라는 한정된 공간에서 자라는 도롱뇽은 알에서부터 유생, 성체로 자라는 과정을 자세히 관찰할 수 있어요. 매년 봄이 되면 겨울잠에서 깬 도롱뇽들이 하나둘씩 보이기 시작해요. 특히 녀석들은 짝짓기를 하고 알을 낳기 위해 계곡 주변을 찾아오지요. 암컷은 순대처럼 생긴 독특한 알 덩어리를 낳는데, 물속에 있는 돌이나 나뭇가지에 걸쳐 놓아요. 물살에 밀려 멀리 떠내려가지 않도록 하기 위해서예요. 알은 안전한 우무질 속에서 아주 조금씩 성장해 가요.

하루하루 알이나 유생을 관찰하다 보면 변화되는 것이 별로 없어 보여요. 다리도 자라지 않은 것 같고, 몸길이도 달라진 게 없는 것 같고요. 하지만 그렇게 보이는 까닭은 눈짐작으로만 대충 보고 판단했기 때문일 거예요. 녀석들의 몸길이를 재 보면 아주 조금씩이지만 천천히 변화하고 있다는 것을 알 수 있어요. 하루 동안 나타나는 변화를 알기 힘들다면 이틀, 3일에 걸쳐서 변화 과정을 기록하는 것도 좋아요. 그러면 어느 정도 성장한 모습을 확인할 수 있답니다.

도롱뇽의 알은 어미의 보살핌이 없어도 알에서 유생으로, 유생에서 성체로 성장해 가요. 부모님의 도움이 없으면 하루도 살아가기 어려운 여러분과는 많이 다르지요? 시간이 지남에 따라 차츰차츰 변해 가는 도롱뇽의 성장을 관찰해 보고, 스스로 커 나가는 도롱뇽의 강인한 생명력을 느껴 보세요. 이러한 과정을 통해 자연을 아끼고 사랑하는 마음을 가질 수 있을 거예요.

관찰은 순간의 변화를 포착하는 것도 중요하지만, 서서히 나타나는 변화를 읽어 내는 것도 무척 중요해요. 여러분 주변에서 일어나는 미세한 변화들을 하나씩 찾아보세요. 평소에는 느낄 수 없었겠지만, 여러분이 관심을 갖고 들여다보면 아주 작은 변화들이 보이기 시작할 거예요.

관찰은 치열한 기록의 과정이야

인간의 기억은 완벽하지 않아요. 아무리 뛰어난 기억력을 가진 사람이라도 한 달, 일 년, 십 년이라는 긴 시간이 지나면 뚜렷했던 기억이 희미해지기 마련이지요. 오랫동안 기억하기 위해서는 기록을 해야 해요. 글로 쓰거나 사진을 찍고 또 녹음을 하는 것처럼 말이에요. 관찰을 할 때에도 마찬가지예요. 그래야 당시에 관찰한 내용을 생생하게 기억해 낼 수 있어요. 또 아무리 진귀한 발견을 했더라도 기록으로 남겨 놓지 않으면 그 가치를 인정받기 어려워요.

"큰 놈은 길이가 일고여덟 자(210~240센티미터)나 된다. 머리는 둥글고, 머리 밑에 어깨뼈처럼 여덟 개의 긴 다리가 있다. 다리 밑

한쪽에는 국화꽃 모양의 둥근 꽃무늬가 두 줄로 늘어서 있다. 이것으로 물체에 달라붙는데, 일단 물체에 달라붙고 나면 그 몸이 끊어져도 떨어지지 않는다. 여덟 개의 다리 한가운데에는 구멍이 하나 있는데 이것이 입이다."

− 『자산어보』 중에서

문어

　위에서 설명한 동물이 무엇인지 알아차렸나요? 위 글은 조선 후기 실학자 정약전(1758~1816년)이 문어를 관찰하고 기록한 내용이에요. 그는 흑산도에서 16년간의 유배 생활을 하면서 자신이 관찰한 바다 생물들에 관한 기록을 책으로 남겼어요. 그 책이 바로『자산어보』예요. 정약전은『자산어보』에 우리나라 남서해안에 서식하는 다양한 바다 생물을 분류하고 기록했어요. 오늘날 만들어진 과학 서적들과 비교해도 흠잡을 데 없을 정도로 매우 자세하고 생생하게 말이에요. 이렇게 정약전처럼 자신이 관찰한 내용을 누가 보더라도 쉽게 이해하고 활용할 수 있도록 남겨 놓는 것은 아주 중요한 일이에요.

　어떤 대상을 하루 동안만 관찰하고 기록한 내용은 별 가치가 없는 것처럼 보이기도 해요. 하지만 관찰한 기록들이 오래 쌓이면 이야기가 달라져요. 차곡차곡 쌓인 내용들을 바탕으로 의미 있고 새로운 결과를 이끌어 낼 수 있는 가치 있는 정보가 되는 것이지요. 예컨대 하루 동안의 날씨의 변화를 기록한 것만으로는 알 수 있는 것이 별로 없어요. 하지만 한 달, 일 년, 십 년에 걸쳐 쌓인 관찰 결과는 날씨의 변화에 관한 큰 흐름을 파악하는 데 큰 역할을 할 수 있어요. 그간의 기록을 통해 다가올 날씨의 변화를 예측할 수 있게 되는 거예요.

사진에 나온 녀석은 흰발농게예요. 어느 갯벌에서든지 쉽게 발견되는 농게와 달리 녀석들은 발견하기가 어려워요. 개체 수가 워낙 적은 데다가 오염되지 않은 깨끗한 갯벌에서 살아가기 때문이에요. 전남 무안의 한 갯벌에서 흰발농게를 발견한 뒤로 한동안 녀석들을 관찰하고 기록한 적이 있어요. 그 내용 중 일부를 살펴보고 관찰 기록을 연습해 보도록 해요.

사진을 보면 두 녀석의 생김새가 조금 다르지요? 한쪽에 커다란 집게발을 가진 게가 수컷 흰발농게예요. 수컷과 달리 암컷은 작은 집게발만 가지고 있어요. 커다란 집게발의 위치는 수컷마다 달라서 어떤 녀석은 왼쪽에 있는가 하면, 또 어떤 녀석은 오른쪽에 있는 경우도 있어요. 위치는 서로 달라도 커다란 집게발의 쓰임새는 모두 같아요. 그럼 커다란 집게발의 쓰임새를 관찰하고 기록한 내용을 살펴볼까요?

흰발농게 수컷

흰발농게 암컷

관찰 기록(일부) | 집게발의 쓰임새

- 2015년 6월 21일
- 화창한 날씨
- 관찰 시간 13:00~16:00

수컷들은 커다란 집게발을 위아래로 흔든다. 1분에 10~15회가량을 흔든다. 큰 집게발의 위치는 제각각이다. 대략 왼쪽에 달린 개체와 오른쪽에 달린 개체의 비율이 6:4 정도 된다. 큰 집게발이 왼쪽에 달린 녀석은 시계 방향으로 회전하며 흔든다. 큰 집게발이 오른쪽에 달린 녀석은 시계 반대 방향으로 회전하며 흔든다. 집게발을 흔들다가도 천적이 나타나면 갯벌 구멍 속으로 재빨리 숨는다. 종종 위급한 상황에서는 다른 수컷의 집에 숨기도 한다. 위험이 사라지면 다시 구멍 밖으로 나와 집게발을 흔든다.

수컷이 커다란 집게발을 흔드는 것은 암컷을 유혹하기 위한 것으로 보인다. 짝짓기 행동은 암컷의 선택을 받을 때까지 계속된다. 암컷을 차지하기 위해 서로 싸움을 할 때도 있다. 이때에는 커다란 집게발을 무기처럼 사용한다. 집게발을 최대한 벌려서 먼저 잡으려고 하거나, 집게발을 끼워서 싸우기도 한다. 집게발 안쪽에는 톱니가 나 있어서 싸움을 할 때 잘 미끄러지지 않는다. 싸움에서 밀린 수컷은 갯벌 구멍 속으로 도망을 친다. 갯벌 주위에는 싸움에서 진 녀석들의 집게발이 떨어져 있다. 더 크고 더 강한 집게발을 가진 녀석일수록 싸움에서 이길 확률이 높아질 것으로 보인다.

수컷과 달리 암컷에게는 커다란 집게발이 없다. 대신 2개의 작은 집게발로 모래와 흙을 거르면서 유기물을 섭취한다. 수컷은 집게발을 먹이 활동에는 사용하지 않는다. 한 개의 작은 집게발로 먹이 활동을 한다. 그래서 같은 시간 동안 먹는 먹이의 양이 수컷보다 암컷이 훨씬 많다(약 2배가량). 집게발을 제외한 나머지 4쌍의 다리는 이동을 할 때 사용한다.

흰발농게 수컷의 싸움

흰발농게 서식지.

소 정보로 활용될 수 있는 거예요. 지금 여러분이 읽는 이 책도 이러한 과정을 통해 만들어진 것이랍니다. 선생님처럼 커다란 집게발을 관찰하고 쓰임새를 기록해 두면 흰발농게의 생태를 궁금해하는 사람들에게 도움을 줄 수 있어요. 또 그 결과를 함께 공유하면서 더 발전된 정보로 바꿀 수도 있고요.

만일 관찰한 결과를 기록으로 남기지 않았다면 그것은 관찰을 하지 않은 것과 마찬가지가 될 거예요. 시험을 보고 답안지를 제출하지 않은 것과 같지요. 이 경우, 아무리 시험 문제를 잘 풀었어도 0점을 받을 수밖에 없는 것처럼 관찰한 결과를 기록하지 않으면 0점짜리 관찰이 되고 말 거예요. 그러한 관찰 결과는 어디에도 활용할 수가 없으니까요. 반드시 관찰한 결과를 기록으로 남겨야 의미 있는 정보로도 활용하고, 또 관찰의 마무리를 제대로 매듭지을 수 있어요.

관찰한 내용을 기록할 때에는 매 상황마다 바로바로 기록을 하는 것이 좋아요. 시간이 지나면 당시에 관찰했던 내용이나 느낌이 잊히기 때문이에요. 관찰 결과를 있는 그대로 기록하고, 떠오르는 생각이나 느낌이 있으면 함께 글로 적어 두세요. 물론 매 순간 관찰한 내용을 정확하게 기록하는 것은 어려운 일이에요. 이때에는 자신이 알아볼 수 있을 정도로만 간단히 기록해 두거나 녹음해 두었다가 나중에 다시 상세히 정리하는 것이 좋아요. 여러분이 직접 관찰하는 과정을 거치는 동안 어떻게 기록하는 것이 자신에게 알맞은 방법인지 찾아

큰고니 무리

나갈 수 있을 거예요.

  매년 초겨울이 되면 선생님은 큰고니를 관찰하기 위해 강진만을 찾아가요. 녀석들이 이곳에 오는 날부터 떠나는 날까지 계속 관찰하고 촬영해서 기록으로 남겨 두기 위해서예요. 여기에 오면 항상 빠짐없이 기록하는 것이 있어요. 큰고니의 개체 수와 활동 범위, 습성 등이에요. 다음은 큰고니를 관찰한 결과를 정리한 내용 중 일부예요. 추운 겨울이어서 일단 핵심만 간단하게 기록한 뒤 나중에 메모한 내용과 촬영된 영상을 바탕으로 다시 자세히 정리했어요.

선생님, 추운 겨울에 관찰하려면 너무 힘들 것 같아요.

맞아요. 추위에 대비해 특히 옷이나 신발 등 보온에 각별히 신경 써야 해요.

관찰 기록(일부) | 큰고니 생태

- **현장 메모 내용**

  3:45 102마리 무리 중에서 3명은 보초, 나머지는 잠, 휴식, 쉴 때는 외발, 날갯죽지에 머리를 파묻음.

  4:10 다른 갯벌로 이동 시작, 선발대가 먼저 출발, 도착 후 울음소리로 부름, 50~100미터 뛰어간 후 비행, 활주 거리는 개체별로 상이, 바로 날 수 없나?-위급한 상황

- **다시 정리한 내용**

  바닷물이 빠져나간 갯벌에서 한쪽 발로 서서 잠을 자거나 휴식을 취한다. 머리는 양 날갯죽지에 파묻고서 눈만 빼꼼히 떴다 감았다를 반복한다. 무리 중 몇 녀석은 잠을 자지 않고 경계를 선다. 천적이 나타나면 꾹꾹~ 소리를 내서 무리를 깨운다. 천적이 나타났다고 해서 성급히 날아오르지는 않는다. 천천히 천적의 움직임을 살피면서 조금씩 거리를 유지하며 이동한다. 녀석들이 재빠르게 날아오르지 않는 까닭은 몸집이 크기 때문이다. 비행을 위해서는 50~100미터에 이르는 활주로가 필요하다. 밀물이 들어올 때쯤 먹이 활동을 위해 이동한다. 먼저 도착한 큰고니는 갯벌에서 잠을 자는 큰고니를 깨우고 빨리 이곳으로 오라는 신호를 계속해서 보낸다. 하지만 곧바로 날아가지 않고 계속해서 꾸욱~ 꾹~ 소리를 내며 고개를 위아래로 움직인다. 한동안 울음소리를 주고받다 마침내 하늘로 날아오른다.

지금도 큰고니를 관찰했을 때의 기록 내용을 보면 큰고니의 모습이 머릿속에 영상처럼 또렷이 그려져요. 시간이 아무리 많이 지나도 그때의 장면과 느낌, 생각이 떠오르지요. 언제 어디서나 꺼내서 활용할 수 있는 또 하나의 기억, 그것이 바로 기록이 가진 힘이에요. 그러니 여러분도 관찰의 경험을 통해 자신에게 맞는 관찰 기록 방법을 찾아보세요.

역사 속에 이름을 남긴 유명한 사람들 치고 기록을 등한시한 사람은 없었어요. 그들은 새로운 생각이나 느낌이 떠오르면 항상 기록으로 남겨 두었어요. 정약전이 문어를 관찰하고 기록한 것처럼, 또 선생님이 큰고니를 관찰하고 기록한 것처럼 여러분도 하나의 대상을 정해서 관찰하고 기록해 보세요. 단순히 관찰 결과를 모으는 것을 넘어서 세상을 살아가는 데 필요한 나만의 기록 습관을 가질 수 있을 거예요.

관찰에서 새로운 생각이 나와

우리는 어른이 되어 갈수록 점점 만나는 세계가 넓어진다고 생각해요. 어릴 때에는 집과 학교를 중심으로 한 작은 공간이 세상의 전부이지만, 어른이 되면 집을 떠나 훨씬 더 넓고 큰 세상을 자유롭게 돌아다닐 수 있다고 믿으니까요. 그런데 어른이 된다고 해서 접하는 세계가 더 넓고 커지는 것은 아니에요. 여러분 주변에 있는 어른들의 행동을 한번 유심히 살펴보세요. 집과 직장, 가게, 영화관 등을 오가며 사는 작은 공간이, 만나는 세상의 전부라는 것을 어렵지 않게 발견할 수 있을 거예요.

어른이 되었다고 해서 접하는 세계가 커지는 것도 아니고 마음껏 자유롭게 행동할 수 있는 것도 아니에요. 오히려 세상을 보는 눈은 아이 때보다 훨씬 더 작고 퇴화되어 버린 경우가 많아요. 인생을 오래 산 만큼 주변의 대상들에 익숙해져서 감각이 둔해졌기 때문이에요. 더 크고 넓은 세상을 만나는 것은 매우 중요해요. 하지만 매번 새로운 곳에서 새로운 대상을 만나는 것은 현실적으로 어려운 일이에요. 그보다 중요한 것은 크기가 작고 익숙한 환경에서도 늘 새로움을 보고 느낄 수 있는 자세예요.

세상을 보는 예리한 시선이 무뎌지지 않으려면 어려서부터 관찰 습관을 잘 형성해 놓아야 해요. 하찮은 사물일지라도 자세히 들여다보는 태도를 가진 사람은 익숙한 대상들로부터도 새로운 면을 보고 느낄 수 있어요. 매일 반복되는 일상을 경계하고 늘 다른 면을 보려고 시도해 보세요. 그러면 낯선 장소에서 처음 보는 대상을 만나는 것이 아니더라도 새로운 생각과 통찰을 얻을 수 있을 거예요.

관찰을 통해 발견한 새로운 모습이나 사실들은 우리가 창의적인 생각을 할 수 있게 해 주어요. 그것은 위대한 발명으로 이어질 수도 있고, 혁신적인 기술로 탄생할 수도 있어요. 예컨대 장미덩굴을 유심히 관찰했던 사람은 양들이 장미덩굴 울타리로 넘어가지 않는 것을 알아채고 가시가 달린 철조망을 만들었어요. 옷이나 동물의 털에 달라붙는 도꼬마리 열매를 자세히 관찰한 사람은 수시로 떼었다가 다시 붙일 수 있는 벨크로 테이프를 만들었고요.

이뿐만이 아니에요. 혹등고래의 지느러미에 나 있는 돌기를 유심히 관찰한 사람은 보다 더 효율적으로 전기를 생산할 수 있는 풍력 발전

↑ 에사키뿔노린재의 짝짓기
← 우주선 도킹

관찰을 하다 보면 창의적인 생각을 할 수 있는 힘을 키울 수 있어요!

정말요? 오늘부터 열심히 관찰해야지!

기의 프로펠러를 만들었어요. 또 곤충이 서로 짝짓기 하는 모습을 관찰한 사람은 우주선을 도킹하는 기술을 개발했지요. 모두 다 관찰을 통해서 창의적인 영감과 통찰을 얻었기 때문에 가능한 일이었어요.

세상을 살아가는 힘은 자신에게 닥친 여러 가지 문제를 해결하는 능력에 달려 있어요. 다양한 관찰 경험을 쌓은 사람은 무슨 일이든 풀어 낼 수 있는 힘을 가질 수 있어요. 관찰을 하는 동안에 여러 종류의 문제들을 발견하고 그 과정을 해결해 나가는 경험이 축적되었기 때문이에요. 관찰의 경험 속에서 수많은 시행착오를 겪으며 나를 한 단계 더 성장시켜 보세요. 어쩌면 세상을 바꾸는 큰 힘을 얻게 될지도 몰라요.

이제까지 관찰과 관련된 많은 이야기를 했어요. 책을 읽은 친구들 중에는 지금 당장 일상의 사물들을 낯설게 들여다보면서 관찰을 행동으로 옮기는 친구도 있을 것이고, 관찰하고 싶은 마음은 생겼지만 실천하지 못하는 친구도 있을 거예요. 아무리 책을 통해 많은 지식을 갖고 있는 사람이라도 직접적인 경험을 통해 지혜를 깨달은 사람을 능가할 수는 없어요. 관찰하려는 마음이 생겼다면 지금 당장 관찰을 시작해 보세요. 관찰에는 많은 노력이 필요한 것도, 큰돈이 들어가는 것도 아니에요. 그러니 "나중에 해야지."라는 핑계 대신 결심을 실제의 행동으로 옮겨 보세요. 처음에는 서툴고 부족한 점이 많더라도 시간이 지나면서 세상을 보는 눈이 성장해 있는 자신을 만날 수 있을 거예요. 그리고 그런 자세가 습관이 되면 남들과는 다른 새롭고 뛰어난 생각을 하는 창의적인 사람이 되어 있을 거예요.

02

무엇을 어떻게 관찰할까?

공통 준비물 돋보기, 카메라, 온·습도계, 시계, 장갑, 필기도구, 관찰 일지

집과 학교에서 볼 수 있는 친구들

일본왕개미

곰팡이

공벌레

은행나무

왕귀뚜라미

제비   솔방울

관찰 대상 일본왕개미(곤충강/벌목/개미과) **발견 가능 시기** 3~10월

서식 장소 학교 운동장 나무뿌리 주변, 정원, 길가 **준비물** 공통 준비물(106쪽), 루페, 실체 현미경, 버니어 캘리퍼스, 시계, 전자저울 등

관찰해요!

★ 일본왕개미의 종류(여왕개미, 일개미, 병정개미, 수개미)에 따른 각각의 생김새를 관찰해 볼까?
★ 일본왕개미 무리에서 여왕개미, 일개미, 수개미는 각각 어떤 역할을 할까?
★ 일본왕개미가 살아가는 곳의 특징(온도, 습도, 햇빛 등)을 찾아볼까?
★ 일본왕개미는 어떤 먹이를 좋아할까?
★ 먹이를 발견한 일본왕개미의 행동을 관찰해 볼까?
★ 일본왕개미가 먹이를 운반하는 모습을 자세히 관찰해 볼까?
★ 일본왕개미가 운반할 수 있는 먹이의 최대 무게는 얼마나 될까?
★ 일본왕개미가 땅속에 만든 집의 구조를 관찰해 볼까?
★ 일본왕개미가 땅속에 만든 집의 길이는 얼마나 될까?
★ 일본왕개미와 진딧물의 공생 관계를 탐구해 볼까?

참고해요

일본왕개미는 작고 움직임이 빠른 곤충이어서 루페로 관찰하는 것이 좋습니다. 일본왕개미가 먹이를 운반하는 모습을 관찰할 때에는 주로 어떤 부위를 물고 이동하며, 왜 그렇게 하는지 이유를 찾아봅니다. 일본왕개미가 운반할 수 있는 먹이의 최대 무게를 알아보기 위해서는 1그램짜리 먹이를 준비한 뒤 전자저울을 이용하여 0.1그램씩 증가 시켜서 각각 관찰한 후, 어느 정도까지 먹이를 끌 수 있는지 비교해 봅니다. 일본왕개미를 채집해서 관찰한 뒤에는 원래 살던 장소에 돌려보내 줍니다.

곰개미

더 탐구해요!

★ 곰개미를 관찰해 보고 일본왕개미와 다른 점(생김새나 습성)을 찾아볼까?

관찰 대상	공벌레(연갑강/등각목/남방공벌레과)	발견 가능 시기	연중
서식 장소	화단 그늘진 곳, 낙엽이 많은 곳, 습기가 많은 돌 밑	준비물	공통 준비물(106쪽), 루페, 실체 현미경, 삽, 버니어 캘리퍼스, 핀셋 등

관찰해요!

★ 공벌레의 생김새(머리, 가슴, 배, 더듬이, 눈, 다리 등)를 관찰해 볼까?

★ 공벌레는 주로 어떤 곳에서 살아갈까?

★ 공벌레는 어떤 환경(온도, 습도, 빛 등)에서 가장 왕성하게 활동할까?

★ 공벌레는 무엇을 먹고 살까?

★ 공벌레가 공 모양을 만드는 과정을 관찰해 볼까?

★ 공벌레는 어떤 환경(온도, 습도, 빛 등)에서 몸을 공 모양으로 말까?

★ 공벌레는 왜 몸을 공 모양으로 말까?

★ 공 모양으로 몸을 마는데 도움을 주는 부위를 찾아서 관찰해 볼까?

참고해요

공벌레가 공 모양을 만드는 과정을 관찰할 때에는 카메라로 찍은 영상을 느린 속도로 재생시키면서 어떤 순서로 몸을 둥글게 마는지 관찰합니다. 이때 다리나 더듬이의 모양이 어떻게 달라졌는지 자세히 살펴봅니다. 공벌레의 여러 특징을 관찰한 뒤에는 왜 몸을 둥글게 마는지 그 이유를 추리해 봅니다. 관찰 및 탐구 문제 해결에 필요한 만큼만 공벌레를 채집하고, 관찰이 다 끝난 뒤에는 원래 살던 장소에 돌려보내 줍니다.

더 탐구해요!

★ 공 모양으로 몸을 만드는 동물을 찾아서 더 관찰해 볼까?

은행나무
최대 60미터 높이까지 자라고 수명이 매우 길다. 종자(씨앗)에서는 악취가 나며, 흔히 공원이나 도로변 가로수로 많이 볼 수 있다.

은행나무 종자는 왜 지독한 냄새가 날까?

관찰 대상	은행나무(은행나무강/은행나무목/은행나무과)	**발견 가능 시기**	나무(연중), 꽃(4~5월), 열매(9~10월)
서식 장소	도로변, 공원이나 학교, 들판	**준비물**	공통 준비물(106쪽)

★ 관찰해요!

★ 은행나무 잎의 생김새를 관찰해 볼까?

★ 1년 동안 은행나무의 변화 과정을 관찰하고 기록해 볼까?

★ 은행나무 잎을 구성하고 있는 성분은 무엇일까?

★ 은행나무 종자의 생김새를 자세히 관찰해 볼까?

★ 은행나무 종자는 어떤 조건에서 가장 발아가 잘 될까?

★ 은행나무 종자가 발아하는 과정을 관찰해 볼까?

★ 은행나무가 성장하는 과정(잎, 줄기의 성장)을 관찰해 볼까?

★ 은행나무 종자에서 나는 악취의 정체가 뭘까?

★ 도로변 가로수에 열리는 은행나무 종자는 인체에 아무런 해가 없을까?

고약한 냄새가 나고 만지면 피부가 가렵기 때문에 다른 동물들은 나를 거들떠보지도 않는다고!

껍질을 벗긴 은행나무 종자

참고해요

은행나무 종자를 발아시킬 때에는 단단한 껍질로 둘러싸인 종자를 이용하는 것이 좋습니다. 은행나무 종자의 생김새를 관찰할 때에는 껍질 속에 들어 있는 부분까지 자세히 들여다봅니다. 한편 도로변 가로수는 자동차가 내뿜는 매연에 노출되어 있습니다. 은행나무 종자 속에 포함된 중금속 성분을 조사해 보고, 사람들이 먹어도 인체에 아무런 해가 없는지 탐구합니다.

★ 더 탐구해요!

★ 은행나무는 암그루와 수그루를 어떻게 구별할까?

빵에 핀 곰팡이

곰팡이
진균류에 속한 미생물로, 그 종류가 3만 종에 이른다.

관찰 대상	곰팡이		발견 가능 시기	연중
서식 장소	오래된 식빵이나 밥과 같은 음식물		준비물	공통 준비물(106쪽), 실체 현미경 또는 광학 현미경, 전자저울, 마스크 등

관찰해요!

★ 빵에 핀 곰팡이(포자, 줄기, 균사, 포자체 등)를 맨눈으로 관찰해 볼까?

★ 실체 현미경(광학 현미경)으로 곰팡이를 관찰하고 그림으로 그려 볼까?

★ 곰팡이는 어떤 환경(수분, 온도, 햇빛)에서 주로 발생할까?

★ 곰팡이는 어떤 음식물에 주로 발생하는지 그 특징을 찾아볼까?

★ 빵에 핀 곰팡이는 어디에서 왔을까?

★ 곰팡이가 자라지 않게 하려면 어떻게 해야 할까?

★ 곰팡이는 무엇을 먹고 자랄까?

곰팡이를 관찰할 때에는 마스크와 장갑을 착용해야 해요!

참고해요

곰팡이가 어떤 음식물에 주로 발생하는지 알아보기 위해서는 탄수화물(빵이나 쌀), 단백질(소고기나 계란), 지방(식용유나 삼겹살)이 포함된 음식을 각각 구분하여 관찰합니다. 곰팡이가 무엇을 먹고 자라는지 알아보기 위해서는 곰팡이가 피기 전 음식물의 무게와 곰팡이가 많이 피고 난 후 음식물의 무게를 비교해 본 후, 음식물의 무게가 왜 달라졌는지 생각해 봅니다.

더 탐구해요!

★ 물속에서도 곰팡이가 피는지 관찰해 볼까?

왕귀뚜라미의 울음소리 특징을 탐구해 볼까?

왕귀뚜라미(수컷)
우리나라에서 볼 수 있는 가장 큰 귀뚜라미 중 하나로, 수컷은 날개를 이용하여 아름다운 소리를 낸다.

왕귀뚜라미 암컷

왕귀뚜라미 약충

관찰 대상	왕귀뚜라미(곤충강/메뚜기목/귀뚜라미과)	발견 가능 시기	10~3월(알), 4~10월(약충, 성충)
서식 장소	습기가 많은 정원이나 풀숲	준비물	공통 준비물(106쪽), 루페, 버니어 캘리퍼스 등

관찰해요!

★ 왕귀뚜라미 약충과 성충의 생김새를 관찰하고 다른 점을 찾아볼까?

★ 왕귀뚜라미 암컷과 수컷의 생김새(앞날개, 날개맥, 산란관 등)를 관찰하고 다른 점을 찾아볼까?

★ 왕귀뚜라미의 울음소리를 듣고, 소리가 만들어지는 과정을 관찰해 볼까?

★ 주변 환경(온도, 습도)의 변화에 따라 울음소리가 어떻게 달라지는지 알아볼까?

★ 여러 가지 상황(경고, 싸움, 짝짓기 등)에 따라 울음소리가 어떻게 달라지는지 그 특징을 탐구해 볼까?

★ 왕귀뚜라미는 무슨 먹이를 좋아할까?

★ 왕귀뚜라미가 살아가는 서식 환경의 특징을 찾아볼까?

★ 왕귀뚜라미의 한살이(알, 약충, 성충)를 탐구해 볼까?

참고해요

왕귀뚜라미 수컷은 2개의 앞날개를 비벼서 소리를 만들어 냅니다. 따라서 수컷이 내는 울음소리의 특징을 찾기 위해서는 앞날개를 주의 깊게 관찰해야 합니다. 카메라로 영상을 촬영한 다음 느린 속도로 재생하면서 살펴보면 도움이 됩니다. 상황에 따라 울음소리가 어떻게 달라지는지 알아보기 위해서는 경고할 때 내는 소리, 싸울 때 내는 소리, 암컷을 유혹할 때 내는 소리 등으로 구분하여 각각의 상황에 따라 울음소리가 어떻게 달라지는지 그 특징을 탐구해 봅니다.

청솔귀뚜라미

더 탐구해요!

★ 귀뚜라미과에 속한 다른 귀뚜라미(귀뚜라미, 청솔귀뚜라미, 극동귀뚜라미 등)를 관찰해 볼까?

관찰 대상	제비(조강/참새목/제비과)	**발견 가능 시기**	3~10월
서식 장소	논이 많은 지역의 기와집, 마을 회관	**준비물**	공통 준비물(106쪽), 필드스코프, 버니어 캘리퍼스, 줄자 등

관찰해요!

★ 제비의 생김새(부리, 깃 색깔, 몸길이, 발톱 등)를 관찰해 볼까?
★ 제비가 둥지를 짓는 모습(둥지 재료)을 관찰해 볼까?
★ 제비는 땅으로부터 얼마나 떨어진 위치에 둥지를 틀까?
★ 제비는 왜 사람들이 사는 집에 둥지를 틀까?
★ 제비는 사람이 살지 않는 빈 집에도 둥지를 틀까?
★ 제비가 만든 둥지는 얼마나 튼튼할까?
★ 제비가 낳은 알의 생김새(색깔과 크기)를 관찰해 볼까?
★ 알이 부화될 때까지 며칠이나 걸릴까?
★ 알에서 깬 새끼에게 하루 동안 얼마나 많은 먹이(횟수와 종류)를 주는지 관찰해 볼까?

참고해요

제비가 낳은 알을 직접 꺼내서 관찰할 때에는 최대한 빨리 꺼내서 보고 둥지에 넣어 두어야 합니다. 그렇지 않으면 부화에 실패할 확률이 높아집니다. 제비가 알에서 깬 새끼들에게 하루 동안 얼마나 많은 먹이를 주는지 관찰할 때에는 카메라를 설치하고 횟수를 세는 것이 좋습니다. 둥지 재료를 확인할 때에는 이소(새끼가 자라 둥지에서 떠나는 일)가 끝난 빈 둥지를 거두어 물에 담근 다음 어느 정도 분해되면 관찰합니다.

더 탐구해요!

★ 제비는 정말 귀소성을 가지고 있을까?
(다리에 가락지를 부착하여 1년 뒤에도 같은 둥지로 찾아오는지 관찰해 볼까?)

솔방울은 왜 비를 맞으면 쪼그라들까?

솔방울
소나무의 열매로, 둥그스름한 공처럼 생겼다.

관찰 대상	솔방울(리기소나무)(소나무강/소나무목/소나무과)	발견 가능 시기	사계절, 꽃(5월), 솔방울(9~11월)
서식 장소	공원이나 숲속	준비물	공통 준비물(106쪽), 칼, 비커 등

관찰해요!

★ 솔방울을 구성하는 비늘을 관찰해 볼까?

★ 솔방울은 어떤 구조로 이루어져 있을까?

★ 맑은 날 솔방울의 상태를 관찰해 볼까?

★ 비가 오는 날 솔방울의 상태를 관찰해 볼까?

★ 물에 넣은 솔방울 비늘이 닫히는 과정을 관찰해 볼까?

★ 물에 넣은 솔방울의 비늘이 다 닫히는 데에는 얼마나 시간이 걸릴까?

★ 닫힌 솔방울과 열린 솔방울의 단면을 잘라서 관찰해 볼까?

★ 솔방울 1개의 물 흡수량은 얼마나 될까?

★ 솔방울이 날씨에 따라 모양이 변하는 이유가 뭘까?

참고해요

소나무는 한 나무에 암꽃과 수꽃이 함께 피는 자웅동주 식물입니다. 꽃은 봄에 피고, 가을이 되면 꽃이 지고 난 자리에 솔방울이 열립니다. 솔방울은 멀리서 보면 둥근 공 모양처럼 생겼지만, 자세히 살펴보면 작은 비늘로 구성되어 있다는 사실을 알 수 있습니다. 환경 조건에 따라 달라지는 솔방울의 모양을 관찰해 보세요.

물기를 머금어 비늘이 닫히면 이런 모습이 되지!

더 탐구해요!

★ 우리나라에 자생하는 소나무의 종류와 생김새를 관찰해 볼까?

★ 솔방울을 가습기로 활용할 수 있을까?

숲(나무, 풀숲, 꽃 주변)에서 볼 수 있는 친구들

넓적사슴벌레 흰개미 무당벌레

거위벌레 거품벌레 왕사마귀

장수풍뎅이 도깨비바늘 삽사리

넓적사슴벌레(수컷)
우리나라 전역에 서식하는 사슴벌레로, 수컷은 집게처럼 생긴 커다란 턱을 가졌다.

넓적사슴벌레 암컷

넓적사슴벌레의 한살이를 탐구해 볼까?

넓적사슴벌레 애벌레

관찰 대상	넓적사슴벌레(곤충강/딱정벌레목/사슴벌레과)	**발견 가능 시기**	6~9월(성충)
서식 장소	참나무가 많은 숲(수액이 흐르는 참나무나 주변의 흙)	**준비물**	공통 준비물(106쪽), 버니어 캘리퍼스, 사육 상자, 온·습도계 등

관찰해요!

★ 넓적사슴벌레 수컷과 암컷의 생김새(턱, 다리, 더듬이, 몸 색깔, 몸길이 등)를 관찰하고 어떤 점이 다른지 찾아볼까?

★ 넓적사슴벌레가 좋아하는 먹이는 무엇일까?

★ 애벌레 시기 먹이의 양에 따른 성장 과정(몸길이, 무게)을 관찰해 볼까?

★ 애벌레 시기 서식 환경의 온도에 따른 성장 과정(몸길이, 무게)을 관찰해 볼까?

★ 지역(기온, 습도, 강수량 등의 차이)에 따라 생김새(장치, 단치)가 어떻게 다른지 알아보고 왜 생김새가 다른지 그 이유를 추리해 볼까?

★ 넓적사슴벌레는 빛에 어떤 반응을 보이는지 관찰해 볼까?

★ 넓적사슴벌레의 한살이 과정을 탐구해 볼까?

참고해요

넓적사슴벌레는 지역에 따라 다른 생김새(수컷의 턱), 곧 단치형과 장치형이 나타납니다. 여기서 단치는 턱이 짧고 몸통이 굵은 개체, 장치는 턱이 길고 몸통이 얇은 개체를 뜻합니다. 애벌레 시기 먹이의 양에 따른 성장 과정을 알아보기 위해서는 온도나 습도 등의 조건은 같게 하고 먹이인 발효 톱밥의 양만 다르게 하여 관찰합니다. 이와 반대로 서식 환경의 온도에 따른 성장 과정을 알아보기 위해서는 먹이나 습도 등의 조건은 같게 하고 온도만 다르게 하여 관찰합니다.

다우리아사슴벌레

더 탐구해요!

★ 사슴벌레과에 속한 다른 곤충(다우리아사슴벌레, 톱사슴벌레, 애사슴벌레)들의 한살이 과정을 탐구해 볼까?

흰개미
생김새가 개미를 닮았지만 분류상으로는 바퀴벌레에 가깝다.

흰개미가 썩은 나무를 분해하는 과정을 탐구해 볼까?

관찰 대상	흰개미(곤충강/바퀴목/흰개미과)
서식 장소	숲속의 죽거나 썩은 나무속, 나무로 지어진 오래된 건물의 기둥 내부
발견 가능 시기	사계절
준비물	공통 준비물(106쪽), 실체 현미경, 버니어 캘리퍼스 등

관찰해요!

★ 종류(여왕개미, 왕개미, 일개미, 병정개미 등)에 따른 흰개미의 생김새를 관찰해 볼까?

★ 흰개미 집단에서 여왕개미, 왕개미, 일개미, 병정개미 등은 각각 어떤 역할을 할까?

★ 흰개미는 어떤 먹이를 좋아할까?

★ 흰개미는 어떤 서식 환경(빛, 온도, 습도 등)에서 살아갈까?

★ 흰개미는 캄캄한 나무속을 어떻게 이동해서 다닐까?

★ 흰개미는 사람들에게 피해를 주는 곤충일까? 도움을 주는 곤충일까?

★ 흰개미는 생태계에서 어떤 역할을 할까?

참고해요

흰개미는 주로 부러지거나 죽어서 썩은 나무속에서 발견할 수 있습니다. 사람들이 보기에는 아무런 쓸모 없는 나무도 흰개미와 같은 작은 생물들에게는 훌륭한 먹이와 보금자리가 됩니다. 죽은 나무라고 해서 일부로 부러뜨리거나 발로 차는 일이 없도록 합니다.

108~109쪽에 나온 내용과 비교해 봐!

일본왕개미

더 탐구해요!

★ 일본왕개미와 흰개미의 생김새를 관찰해 보고 다른 점이 무엇인지 찾아볼까?

거위벌레가 알집을 만드는 과정을 관찰해 볼까?

거위벌레 암컷

거위벌레(수컷)
몸길이가 8~9.5밀리미터가량으로, 생김새가 거위를 닮아서 거위벌레라는 이름이 붙었다.

관찰 대상	거위벌레(곤충강/딱정벌레목/거위벌레과)	발견 가능 시기	4~9월(성충)
서식 장소	숲속	준비물	공통 준비물(106쪽), 실체 현미경 등

관찰해요!

★ 거위벌레의 생김새(머리, 가슴, 배, 더듬이, 넓적다리마디 등)를 관찰해 볼까?

★ 거위벌레는 어떤 식물에서 주로 관찰할 수 있을까?

★ 거위벌레는 왜 특정한 식물에서만 살아갈까?

★ 거위벌레가 알집을 만드는 과정을 관찰해 볼까?

★ 거위벌레가 위협을 느끼면 어떤 행동을 하는지 관찰해 볼까?

★ 거위벌레는 왜 잎말이를 해서 알을 낳을까?

★ 거위벌레의 한살이(알, 유충, 번데기, 성충)를 관찰하고 기록해 볼까?

참고해요

거위벌레를 관찰하려면 오리나무나 가래나무, 개암나무, 상수리나무가 많은 숲에 가는 것이 좋습니다. 잎말이 하는 과정을 관찰할 때에는 카메라로 촬영한 영상을 느린 속도로 재생시킨 후 잎을 어떤 형태로 잘라서 잎말이를 하는지 자세히 살펴보도록 합니다. 몸집이 작은 거위벌레라 할지라도 하나의 생명으로 생각하고 소중히 다루며, 별 다른 목적 없이 알집을 뜯는 일이 없도록 합니다.

더 탐구해요!

★ 다양한 거위벌레(등빨간거위벌레, 왕거위벌레)들이 만든 알집의 생김새를 관찰해 볼까?

등빨간거위벌레

숲(나무, 풀숲, 꽃 주변)에서 볼 수 있는 친구들

도깨비바늘
씨앗 끝부분에 가시가 나 있어서 옷이나 털에 잘 붙는다.

도깨비바늘은 왜 옷에 달라붙을까?

| 관찰 대상 | 도깨비바늘(목련강/국화목/국화과) | 발견 가능 시기 | 8~10월(꽃), 10월(열매) |
| 서식 장소 | 햇빛이 잘 드는 산이나 들 | 준비물 | 공통 준비물(106쪽), 실체 현미경 등 |

★ 관찰해요!

- ★ 도깨비바늘의 생김새(잎, 줄기, 꽃 등)를 관찰해 볼까?
- ★ 도깨비바늘 씨앗의 구조와 생김새(가시)를 관찰해 볼까?
- ★ 도깨비바늘이 잘 자라는 장소의 특징을 찾아볼까?
- ★ 도깨비바늘이 옷이나 털에 달라붙는 이유를 탐구해 볼까?
- ★ 도깨비바늘이 달라붙는 강도는 물질의 종류에 딸라 어떤 차이가 있을까?
- ★ 도깨비바늘과 비슷한 번식 전략을 가진 도꼬마리의 생김새를 관찰하고 두 식물의 공통점과 차이점을 찾아볼까?
- ★ 도깨비바늘의 한살이 과정을 탐구해 볼까?

나는 한번 붙으면 잘 떨어지지 않고 오히려 속으로 파고들어간다고!

참고해요

도깨비바늘의 씨앗은 끝부분에 갈고리처럼 생긴 가시가 달려 있습니다. 돋보기나 현미경을 이용하여 가시의 구조와 생김새를 자세히 관찰해 봅니다. 그리고 다른 씨앗과 달리 끝부분이 왜 갈고리처럼 변하게 되었는지 생각해 봅니다. 도깨비바늘이 물질에 따라 달라붙는 강도를 측정할 때에는 용수철저울이나 추를 이용합니다.

★ 더 탐구해요!

- ★ 도깨비바늘이 달라붙는 원리를 생활 속에서 어떻게 활용할 수 있을까?

거품벌레는 왜 거품을 만들까?

흰띠거품벌레(약충) 약충 시기에는 거품을 만들어서 살아가지만 성충이 되면 거품을 만들지 않는다.

관찰 대상	거품벌레(곤충강/노린재목/거품벌레과)
서식 장소	숲속의 계곡 주변이나 개울가
발견 가능 시기	4~6월(약충), 6~10월(성충)
준비물	공통 준비물(106쪽), 시약(아래 참고), 실체 현미경, 등

관찰해요!

★ 거품벌레 약충의 생김새(몸 색깔, 항문 등)를 관찰해 볼까?
★ 거품벌레 약충이 거품을 만드는 과정을 관찰해 볼까?
★ 거품벌레 약충이 만든 거품 속에는 어떤 성분(지방, 포도당, 녹말, 단백질)이 들어 있을까?
★ 거품벌레 약충이 왜 거품을 만드는지 탐구해 볼까?
★ 거품벌레 성충의 생김새(머리, 가슴, 배, 날개 무늬, 몸 색깔, 몸길이 등)를 관찰해 볼까?
★ 거품벌레가 살아가는 서식 환경의 특징을 탐구해 볼까?
★ 거품벌레 성충은 천적의 위협에 어떤 행동을 보일까?

참고해요

거품벌레 약충은 거품 속에 숨어 있는 경우가 많기 때문에 나뭇가지를 자세히 살펴보아야 합니다. 거품벌레가 만든 거품 속에 어떤 성분이 들어 있는지 알아보기 위해서는 여러 가지 시약을 사용합니다. 지방은 수단 Ⅲ 용액, 포도당은 베네딕트 용액, 녹말은 아이오딘-아이오딘화칼륨 용액, 단백질은 뷰렛 용액을 이용하여 확인합니다.

흰띠거품벌레의 거품

더 탐구해요!

★ 거품벌레의 한살이 과정을 탐구해 볼까?

숲(나무, 풀숲, 꽃 주변)에서 볼 수 있는 친구들 133

왕사마귀 갈색형

왕사마귀
낫처럼 생긴 앞다리를 이용하여 작은 동물을 사냥하고 살아간다.

왕사마귀 알집

왕사마귀는 왜 녹색형과 갈색형으로 다르게 성장할까?

왕사마귀 녹색형

관찰 대상 왕사마귀(곤충강/바퀴목/사마귀과) **발견 가능 시기** 4~11월(약충, 성충), 11~4월(알)
서식 장소 숲이나 들판 주변의 길가 **준비물** 공통 준비물(127쪽), 실체 현미경 등

관찰해요!

★ 다 자란 왕사마귀의 생김새(머리, 가슴, 배, 앞다리, 더듬이, 날개, 몸 색깔, 몸길이 등)를 관찰해 볼까?

★ 왕사마귀 암컷은 짝짓기를 하면서 수컷을 정말 잡아먹을까?

★ 왕사마귀가 낳은 알의 생김새를 관찰해 볼까?

★ 알에서 부화한 왕사마귀 약충의 생김새와 움직임을 관찰해 볼까?

★ 갈색형 왕사마귀와 녹색형 왕사마귀의 생김새를 관찰하고 그 차이점을 찾아볼까?

★ 갈색형 왕사마귀와 녹색형 왕사마귀가 나타나는 이유가 뭘까?

★ 왕사마귀가 먹이 활동 하는 모습을 관찰해 볼까?

★ 왕사마귀의 한살이 과정을 탐구해 볼까?

참고해요

왕사마귀에는 갈색을 띤 녀석과 녹색을 띤 녀석이 있습니다. 갈색형 왕사마귀와 녹색형 왕사마귀가 나타나는 원인을 찾기 위해서는 알 상태에서부터 서로 다른 조건(흙이 많은 사육장과 풀이 많은 사육장)으로 사육해 봐야 합니다. 왕사마귀가 먹이 활동을 하는 모습을 관찰할 때에는 각 부위가 어떻게 사용되는지 자세히 살펴봅니다.

더 탐구해요!

★ 사마귀를 관찰하고 왕사마귀와 어떤 차이점이 있는지 찾아볼까?

사마귀

삽사리
울음소리가 '삽사리~ 삽사리~'처럼 들린다고 해서 삽사리라는 이름으로 불린다.

삽사리는 어떻게 울음소리를 만들어 낼까?

관찰 대상	삽사리(곤충강/메뚜기목/메뚜기과)	발견 가능 시기	5~10월(약충, 성충)
서식 장소	햇빛이 잘 드는 낮은 산지의 풀밭	준비물	공통 준비물(106쪽), 루페, 실체 현미경, 온·습도계 등

관찰해요!

★ 삽사리의 생김새(머리, 가슴, 배, 다리, 더듬이 등)를 관찰해 볼까?

★ 암컷과 수컷의 날개 모양을 관찰하고 다른 점을 찾아볼까?

★ 삽사리는 주로 어떤 서식 환경에서 살아갈까?

★ 삽사리의 울음소리의 특징을 찾아볼까?

★ 주변 환경(온도, 습도)의 변화에 따라 울음소리가 어떻게 달라지는지 알아볼까?

★ 삽사리의 울음소리가 만들어지는 과정을 관찰해 볼까?

★ 삽사리 약충이 탈피하는 과정을 관찰해 볼까?

삽사리가 울음소리를 내는 모습

참고해요

삽사리는 날개와 다리를 이용하여 소리를 냅니다. 삽사리가 내는 울음소리의 특징을 탐구하기 위해서는 울음소리를 내는 장면을 카메라로 촬영한 후, 느린 속도로 재생시켜서 울음소리가 만들어지는 과정을 관찰하는 것이 좋습니다.

더 탐구해요!

★ 삽사리의 한살이(알, 약충, 성충)를 탐구해 볼까?

무당벌레의 한살이를 탐구해 볼까?

무당벌레 애벌레

무당벌레 번데기

무당벌레의 짝짓기

관찰 대상	무당벌레(곤충강/딱정벌레목/무당벌레과)	발견 가능 시기	4~10월
서식 장소	숲, 진딧물이 많은 식물	준비물	공통 준비물(106쪽), 루페, 시약(아래 참고), 온·습도계 등

관찰해요!

★ 무당벌레의 생김새(머리, 가슴, 배, 날개 무늬, 다리 등)를 관찰해 볼까?

★ 무당벌레가 낳은 알을 관찰해 볼까?

★ 무당벌레가 알을 낳은 장소의 공통점을 찾아볼까?

★ 무당벌레의 알이 부화하는 기간은 봄과 여름 각각 어떻게 달라질까?

★ 무당벌레 한 마리는 하루에 진딧물을 얼마나 먹을까?

★ 무당벌레는 천적으로부터의 위협에 어떤 반응을 보일까?

★ 위협을 느낄 때 분비하는 노란색 액체의 성분을 탐구해 볼까?

★ 무당벌레가 비행하는 과정을 관찰해 볼까?

★ 무당벌레의 알이 애벌레, 번데기, 성충으로 커 가는 과정을 탐구해 볼까?

참고해요

무당벌레는 주로 진딧물이 많이 자라는 나무에 알을 낳는 경우가 많습니다. 무당벌레가 위협을 느낄 때 분비하는 노란색 액체의 성분을 알아보기 위해서는 여러 가지 시약을 사용해서 관찰합니다. 포도당-베네딕트 용액, 녹말-요오드화칼륨 용액, 지방-수단 Ⅲ 용액, 단백질-수산화나트륨 용액 등을 사용하고 산성, 염기성의 정도는 리트머스 종이를 사용합니다.

더 탐구해요!

★ 칠성무당벌레의 생김새를 관찰하고 무당벌레와 다른 점을 찾아볼까?

칠성무당벌레

관찰 대상 장수풍뎅이(곤충강/딱정벌레목/장수풍뎅이과)
서식 장소 참나무가 많은 숲
발견 가능 시기 6~10월
준비물 공통 준비물(106쪽), 버니어 캘리퍼스, 온·습도계 등

관찰해요!

- ★ 장수풍뎅이 성충의 생김새(머리, 가슴, 배, 날개, 다리, 발톱 등)를 관찰해 볼까?
- ★ 장수풍뎅이 수컷의 커다란 뿔의 용도는 무엇일까?
- ★ 장수풍뎅이 수컷의 뿔의 크기(길이)에 영향을 주는 요인은 무엇일까?
- ★ 장수풍뎅이는 주변 환경(햇빛, 온도, 습도 등)의 변화에 따라 어떤 행동을 보일까?
- ★ 장수풍뎅이가 좋아하는 먹이는 무엇일까?
- ★ 장수풍뎅이가 좋아하는 참나무 수액은 어떤 성분으로 이루어져 있을까?
- ★ 장수풍뎅이가 알에서 애벌레, 번데기, 성충으로 성장해 가는 과정을 관찰해 볼까?

참고해요

장수풍뎅이는 암컷과 수컷의 생김새가 뚜렷하게 다릅니다. 머리, 가슴, 배, 날개, 다리 등 몸통 구석구석을 관찰하며 암컷과 수컷의 서로 다른 점을 찾아봅니다. 장수풍뎅이 수컷의 뿔의 크기(길이)에 영향을 주는 요인을 알아내기 위해서는 애벌레 시기부터 먹이의 양이나 온도, 습도 등에 각각 변화를 주어 성장 과정을 관찰하고 기록합니다.

장수풍뎅이 애벌레

더 탐구해요!

- ★ 장수풍뎅이의 성별은 언제, 어떻게 결정되는지 탐구해 볼까?

숲(나무, 풀숲, 꽃 주변)에서 볼 수 있는 친구들

계곡(상류)에서 볼 수 있는 친구들

 산개구리

 무당개구리

 애반딧불이

 도롱뇽

 가재 플라나리아

 옆새우

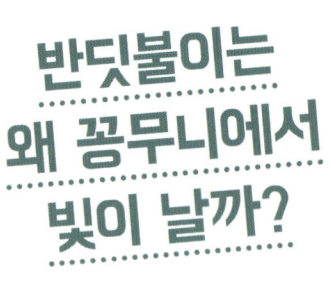

반딧불이는 왜 꽁무니에서 빛이 날까?

애반딧불이
배 끝에 발광 기관이 달려 있어서 아름다운 빛을 낼 수 있다.

ⓒ 사진작가 오정근

관찰 대상	애반딧불이(곤충강/딱정벌레목/반딧불이과)
서식 장소	가로등이 없는 계곡, 논도랑이나 개울
발견 가능 시기	5~6월(번데기 시기), 6~7월(성충 시기), 7월~이듬해 4월(애벌레 시기)
준비물	공통 준비물(106쪽), 실체 현미경, 버니어 캘리퍼스 등

관찰해요!

★ 애반딧불이 애벌레 시기의 생김새(배마디, 다리, 몸 색깔 등)를 관찰해 볼까?

★ 애반딧불이는 애벌레 시기에도 빛을 낼까?

★ 애반딧불이 애벌레의 성장 과정을 관찰해 볼까?

★ 애반딧불이는 번데기 시기에도 빛을 낼까?

★ 애반딧불이 성충이 빛을 내는 모습을 관찰해 볼까?

★ 환경의 변화(빛, 온도, 습도 등)에 따라 빛을 내는 횟수와 시간은 어떻게 달라질까?

★ 애반딧불이 암컷과 수컷이 만드는 빛은 어떤 차이가 있을까?

★ 애반딧불이는 성충이 되면 왜 먹이를 먹지 않을까?

★ 애반딧불이가 빛을 내는 이유는 무엇일까?

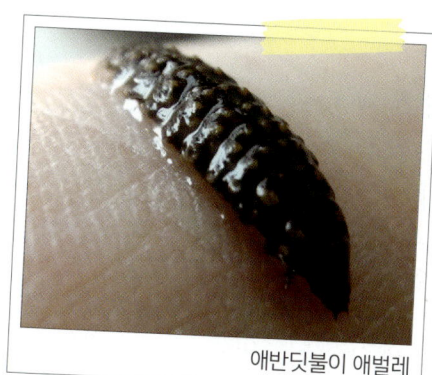

애반딧불이 애벌레

참고해요

애반딧불이는 가로등이나 인가의 불빛이 거의 없는 개울, 논 주변에서 살아가기 때문에 발견하는 것이 어려울 수도 있습니다. 이때에는 애반딧불이를 사육하거나 복원 중인 지방 자치 단체(무주, 영양, 의령, 하동 등), 생태 학습원, 수목원 등에 도움을 요청해 보세요. 애반딧불 채집이나 관찰에 관한 자세한 정보를 들을 수 있을 거예요.

더 탐구해요!

★ 우리 주변에서 반딧불이가 점점 사라져 가는 이유가 무엇일까?

관찰 대상	산개구리(양서강/무미목/개구리과)	발견 가능 시기	4~10월, 11~3월(동면)
서식 장소	숲속, 계곡 주변의 논이나 밭, 웅덩이	준비물	공통 준비물(106쪽), 수조, 버니어 캘리퍼스 등

관찰해요!

★ 다 자란 산개구리의 생김새(몸 색깔, 무늬, 몸길이, 다리, 고막 등)를 관찰해 볼까?
★ 짝짓기 시기 산개구리의 울음소리의 특징을 찾아볼까?
★ 산개구리가 알을 낳은 장소(물의 속도, 물속 환경)의 특징을 찾아볼까?
★ 산개구리가 낳은 알의 성장 과정을 관찰해 볼까?
★ 알에서 부화한 올챙이의 성장 과정을 관찰해 볼까?
★ 올챙이와 개구리의 생김새 차이를 비교해 볼까?
★ 산개구리가 겨울잠 자는 모습을 관찰해 볼까?
★ 산개구리는 참개구리와 달리 왜 물속에서 겨울잠을 잘까?
★ 서식 환경(온도)의 변화에 따라 산개구리의 몸 색깔의 변화를 관찰해 볼까?

계곡물에서 헤엄치는 산개구리

참고해요

산개구리 수컷은 울음주머니를 통해 독특한 울음소리를 냅니다. 평소에 내는 소리와 짝짓기 시기에 내는 소리를 듣고 서로 어떤 차이가 있는지 비교해 봅니다. 산개구리가 살아가는 곳은 뱀이나 말벌과 같은 위험한 동물이 사는 곳이기도 합니다. 따라서 관찰을 할 때에는 모자, 발목까지 올라오는 신발이나 장화 등을 착용합니다. 관찰 과정에서 알이나 올챙이, 개구리가 죽지 않도록 조심스럽게 다룹니다.

더 탐구해요!

★ 산개구리 이외에 산이나 계곡 주변에 서식하는 다른 종류의 개구리를 찾아서 관찰해 볼까?

플라나리아
주로 맑은 물이 흐르는 곳에서 살아가며, 뛰어난 재생 능력을 가지고 있다.

플라나리아 서식지

플라나리아는 몸을 어떻게 재생시킬 수 있을까?

관찰 대상 플라나리아(와충강/삼기장목/플라나리아과) **발견 가능 시기** 사계절
서식 장소 계곡이나 약수터, 맑은 개울의 돌바닥 **준비물** 공통 준비물(106쪽), 스포이트 등

관찰해요!

★ 플라나리아의 생김새(머리, 안점, 인두 등)를 관찰해 볼까?
★ 플라나리아가 서식하는 환경(온도, 빛, 오염도, 물의 속도, 물의 깊이)의 특징은 무엇일까?
★ 플라나리아가 먹이 활동 하는 모습을 관찰해 볼까?
★ 플라나리아의 짝짓기 과정을 관찰해 볼까?
★ 플라나리아의 재생 과정을 관찰하고 기록해 볼까?
★ 플라나리아의 재생 과정에 영향을 주는 요인(먹이, 빛, 온도, pH 등)은 무엇일까?
★ 플라나리아는 기억력을 가지고 있을까?

재생 중인 플라나리아

참고해요

돌 밑에 달라붙어 있는 플라나리아는 붓이나 스포이트를 이용하여 상처가 나지 않게 채집하는 것이 좋습니다. 플라나리아가 서식하는 물의 속도를 측정할 때에는 물 위에 가벼운 물체를 띄워 놓은 뒤 단위 시간에 따른 이동 거리를 측정하여 구할 수 있습니다. 플라나리아가 기억력을 가지고 있는지 알아보기 위해서는 먹이의 위치를 알고 있는 개체와 모르는 개체의 먹이 활동 모습을 관찰하면서 서로 비교해 봅니다.

더 탐구해요!

★ 플라나리아 이외에 스스로 몸을 재생하는 다른 동물들을 더 찾아서 관찰해 볼까?

관찰 대상	도롱뇽(양서강/유미목/도롱뇽과)	발견 가능 시기	11~3월(동면), 3~6월(알, 유생, 성체)
서식 장소	숲속 계곡이나 개울 주변의 습기가 많은 곳	준비물	공통 준비물(106쪽), 버니어 캘리퍼스 등

관찰해요!

★ 도롱뇽의 생김새(머리, 피부, 몸 색깔, 몸길이, 꼬리, 다리 등)를 관찰해 볼까?

★ 도롱뇽의 생김새는 물속 생활과 육상 생활 중 어떤 환경에 더 알맞을까?

★ 도롱뇽이 짝짓기하는 모습을 관찰해 볼까?

★ 도롱뇽은 왜 개구리처럼 울지 않을까?

★ 도롱뇽이 낳은 알 덩어리의 생김새를 관찰해 볼까?

★ 도롱뇽이 알을 낳은 장소의 공통점을 찾아볼까?

★ 도롱뇽이 알부터 유생, 성체까지 성장해 가는 과정을 관찰하고 기록해 볼까?

★ 주변 환경(물속, 흙 주변, 풀잎 주변 등)의 변화에 따른 도롱뇽의 몸 색깔의 변화를 관찰해 볼까?

참고해요

개구리와 달리 울음소리를 내지 않는 도롱뇽이 서로 어떻게 의사소통을 하는지 탐구해 봅니다. 알 덩어리를 관찰할 때에는 손으로 들거나 나뭇가지 등으로 찔러서 알이 훼손돼지 않도록 주의합니다. 도롱뇽이 알에서부터 유생, 성충으로 성장해 가는 과정을 하루도 빠짐없이 관찰하고 기록합니다.

더 탐구해요!

★ 이끼도롱뇽, 꼬리치레도롱뇽 등 다른 도롱뇽의 생활사를 탐구해 볼까?

꼬리치레도롱뇽

가재가 자갈 속에 만든 굴

가재의 배와 꼬리지느러미

가재는 집을 어떻게 만들까?

가재
커다란 집게발을 가지고 있으며, 주로 수심이 낮은 1급수의 맑은 물에서 살아간다.

관찰 대상 가재(연갑강/십각목/가재과)
서식 장소 숲속의 계곡 돌 밑이나 모래 속
발견 가능 시기 4~10월
준비물 공통 준비물(106쪽), 수조, 버니어 캘리퍼스 등

관찰해요!

★ 가재의 생김새(집게발, 더듬이, 꼬리채 등)를 관찰해 볼까?
★ 가재가 서식하는 환경(유속, 온도 등)의 특징을 알아볼까?
★ 가재가 헤엄치는 과정(뒤로 헤엄치는 모습)을 관찰해 볼까?
★ 암컷 가재가 알을 품는 모습을 관찰해 볼까?
★ 알을 잘 품을 수 있도록 발달한 신체 부위를 찾아서 관찰해 볼까?
★ 부화한 새끼 가재가 성장해 가는 과정을 관찰해 볼까?
★ 가재가 물속 자갈이나 모래 속에 파 놓은 굴은 어떻게 생겼을까?

참고해요

가재를 사육해서 관찰할 때에는 수시로 물을 갈아 주고, 수온 관리에 신경을 써야 합니다. 가재는 자신의 영역을 지키려는 경향이 강한 동물이므로 좁은 수조에 여러 마리를 넣어서 키우지 않도록 합니다. 가재가 헤엄치는 과정과 원리를 관찰할 때에는 카메라로 촬영한 영상을 느린 속도로 재생시켜서 살펴보면 좋습니다.

손상된 가재의 발

더 탐구해요!

★ 가재의 손상된 집게발은 정말 재생이 될까?

계곡(상류)에서 볼 수 있는 친구들 153

무당개구리
화려한 몸 색깔을 가지고 있으며 위협을 느끼면 앞다리를 들고 드러눕는다.

무당개구리의 경계 행동을 탐구해 볼까?

무당개구리 알

무당개구리 올챙이

관찰 대상	무당개구리(양서강/무미목/무당개구리과)	발견 가능 시기	3~10월
서식 장소	맑은 물이 흐르는 계곡이나 주변의 논	준비물	공통 준비물(106쪽), 실체 현미경 등

관찰해요!

★ 무당개구리의 생김새(피부, 다리, 물갈퀴, 몸 색깔, 몸길이 등)를 관찰해 볼까?

★ 무당개구리가 낳은 알의 생김새를 관찰해 볼까?

★ 무당개구리의 알이 부화해 가는 과정을 관찰해 볼까?

★ 무당개구리가 천적의 위협에 대비하는 경계 행동을 탐구해 볼까?

★ 무당개구리는 서식 환경(온도, 습도 등)에 따라 움직임이 어떻게 달라질까?

★ 무당개구리의 독 속에 들어 있는 성분이 무엇인지 탐구해 볼까?

★ 무당개구리가 내는 울음소리의 특징(평소 울음소리, 짝짓기 시기 울음소리)을 찾아볼까?

참고해요

무당개구리는 다른 개구리들과 달리 천적의 위협에 멀리 도망치지 않습니다. 천적의 위협에 어떤 반응을 보이는지 녀석이 가진 독특한 경계 행동을 관찰해 보세요. 주의할 점은 무당개구리는 위험한 상황에 처하면 몸에서 독을 분비하므로 맨손으로 만지지 않도록 합니다.

계곡 옆 땅속에 숨은 무당개구리

더 탐구해요!

★ 독을 가진 개구리(옴개구리)를 더 찾아보고 그 특징을 탐구해 볼까?

옆새우는 왜 비스듬히 헤엄을 칠까?

옆새우
옆으로 헤엄을 치고 다녀서 옆새우라는 이름으로 불린다. 주로 계곡 물속에 떨어진 낙엽을 먹으며 살아간다

옆새우 서식지

| 관찰 대상 | 옆새우(연갑강/단각목/옆새우과) | 발견 가능 시기 | 사계절 |
| 서식 장소 | 깨끗한 물이 흐르는 계곡의 돌 밑이나 낙엽 밑 | 준비물 | 공통 준비물(106쪽), 광학 현미경 등 |

관찰해요!

★ 옆새우의 생김새(머리, 가슴, 배, 눈, 더듬이, 다리 등)를 관찰해 볼까?

★ 옆새우 암컷과 수컷의 생김새의 차이를 관찰해 볼까?

★ 옆새우가 살아가는 서식 환경의 특징(물의 속도, 온도, 햇빛 등)을 탐구해 볼까?

★ 옆새우가 물속에서 어떻게 헤엄치는지 관찰해 볼까?

★ 옆새우 몸에 달려 있는 여러 다리들의 역할을 탐구해 볼까?

★ 옆새우는 수컷과 암컷이 왜 짝을 이루어 다닐까?

★ 옆새우가 좋아하는 먹이는 무엇일까?

★ 옆새우가 낙엽을 분해하는 과정을 관찰해 볼까?

참고해요

옆새우는 서식 장소와 이동 범위가 매우 좁고, 주위의 변화에 매우 민감한 생물입니다. 옆새우가 살아가는 곳의 자연환경의 특징을 탐구하여 옆새우를 보존할 수 있는 방법들을 찾아보세요. 옆새우가 헤엄치는 모습을 자세히 관찰해 보고 각 다리들이 어떤 역할을 하는지 탐구해 보세요.

다리가 잘 발달해 있는 옆새우

더 탐구해요!

★ 옆새우의 한살이 과정을 탐구해 볼까?

들판(논, 밭)에서 볼 수 있는 친구들

땅강아지는 땅속에서 어떻게 살아갈까?

땅강아지
크고 넓적한 앞다리로 땅속에 굴을 파서 살아간다.

관찰 대상	땅강아지(곤충강/메뚜기목/땅강아지과)	발견 가능 시기	4~10월
서식 장소	축축한 흙이 많은 화단, 친환경 농법을 실시하는 밭이나 논 주변의 땅 속	준비물	공통 준비물(106쪽), 루페, 실체 현미경, 삽, 사육 상자(투명), 버니어 캘리퍼스, 핀셋 등

관찰해요!

- ★ 땅강아지의 생김새(머리, 가슴, 배, 몸 색깔, 몸길이, 날개, 다리 등)를 관찰해 볼까?
- ★ 땅강아지가 주로 발견되는 곳은 어디일까?
- ★ 땅강아지는 수컷과 암컷의 생김새가 어떻게 다를까?
- ★ 땅속에서 살아가는 데 적합한 부위를 찾아서 관찰해 볼까?
- ★ 땅강아지가 흙을 파고 들어가는 과정을 관찰해 볼까?
- ★ 3쌍의 다리는 땅을 파는 데 각각 어떤 역할을 할까?
- ★ 땅강아지가 파 놓은 땅속 굴을 관찰해 볼까?
- ★ 땅강아지가 내는 울음소리를 듣고 소리가 나는 과정을 관찰해 볼까?

참고해요

땅강아지는 땅에 심어 둔 농작물을 먹어서 농민들에게 피해를 주는 곤충입니다. 하지만 땅속을 파고 다니면서 흙 속에 공기를 불어넣어 흙이 살아 숨 쉴 수 있도록 하기도 합니다. 땅강아지가 파 놓은 땅속 굴의 모양을 알고 싶다면 투명한 채집통에 땅강아지를 사육해서 관찰하는 것이 좋습니다. 관찰 및 탐구 문제 해결에 필요한 만큼만 땅강아지를 채집하고, 관찰이 다 끝난 뒤에는 원래 살던 장소에 돌려보내 줍니다.

땅강아지 약충

더 탐구해요!

- ★ 땅속에 구멍을 파고 살아가는 다른 동물을 관찰해 보고 땅강아지와 비슷한 점과 다른 점을 찾아볼까?

관찰 대상 폭탄먼지벌레(곤충강/딱정벌레목/딱정벌레과)
서식 장소 논이나 밭 주변의 습기가 많은 땅
발견 가능 시기 5~10월
준비물 공통 준비물(106쪽), 실체 현미경, 사육 상자, 적외선 온도계 등

관찰해요!

★ 폭탄먼지벌레의 생김새(머리, 가슴, 배, 날개, 몸 색깔, 몸길이 등)를 관찰해 볼까?
★ 폭탄먼지벌레는 언제(활동 시간, 계절) 가장 많이 활동할까?
★ 폭탄먼지벌레는 얼마나 많은 방귀를 뀔 수 있을까?
★ 방귀의 방향을 관찰해 볼까?
★ 방귀를 뀐 후 다시 방귀를 뀔 때까지의 시간은 얼마나 걸릴까?
★ 방귀의 온도를 적외선 온도계로 측정해 볼까?
★ 서식 환경(온도)의 변화에 따라 방귀를 뀌는 횟수는 어떻게 달라질까?
★ 폭탄먼지벌레가 방귀를 뀌는 이유는 무엇일까?

참고해요

폭탄먼지벌레는 위협을 느끼면 뜨거운 방귀를 발사하므로 장갑을 끼고 관찰하는 것이 좋습니다. 다양한 조건 속에서 폭탄먼지벌레가 방귀를 뀌는 모습을 관찰하고, 방귀를 뀔 때까지 걸리는 시간과 방귀를 뀌는 횟수, 방귀를 뀌는 방향 등을 꼼꼼히 기록합니다.

더 탐구해요!

★ 폭탄먼지벌레는 비행 능력을 갖추고 있을까?
★ 폭탄먼지벌레와 남방폭탄먼지벌레의 생김새가 어떻게 다른지 관찰해 볼까?

남방폭탄먼지벌레

관찰 대상	무당거미(거미강/거미목/무당거미과)	**발견 가능 시기**	4~10월
서식 장소	숲이나 들판, 공원, 정원의 나무 사이, 키가 큰 풀숲 사이	**준비물**	공통 준비물(106쪽), 줄자, 시약(아래 참고) 등

관찰해요!

★ 무당거미의 암컷과 수컷의 생김새(몸길이, 몸 색깔, 다리, 눈 등)를 관찰해 볼까?

★ 무당거미가 거미집을 만드는 과정을 관찰해 볼까?

★ 무당거미가 만든 거미줄은 어떤 구조를 띠고 있을까?

★ 무당거미는 왜 거미줄에 먹다 남은 먹이를 붙여 놓을까?

★ 거미집은 땅으로부터 얼마나 떨어져 있을까?

★ 무당거미의 거미줄은 어느 정도의 세기를 가지고 있을까?

★ 거미줄을 구성하는 성분은 무엇일까?

★ 무당거미가 짝짓기하는 모습을 관찰해 볼까?

★ 무당거미는 짝짓기 후에 정말로 암컷이 수컷을 잡아먹을까?

참고해요

무당거미가 집을 짓는 과정을 관찰할 때에는 카메라로 찍은 후에 느린 화면으로 재생시켜서 살펴보는 것이 좋습니다. 거미줄의 구성 성분을 알아볼 때에는 포도당, 녹말, 지방, 단백질 등과 만났을 때 각각 반응을 하는 시약(포도당→베네딕트 용액, 녹말→요오드화칼륨 용액, 지방→수단Ⅲ 용액, 단백질→수산화나트륨 용액 등)을 사용합니다. 실험을 할 때에는 안전사고에 유의해야 합니다.

더 탐구해요!

★ 무당거미의 거미줄을 이용하여 옷이나 물건을 만들 수 있을까?

★ 무당거미가 만든 거미줄과 다른 거미들이 만든 거미줄의 차이점을 비교해 볼까?

긴호랑거미가 만든 거미줄

도꼬마리
가시가 많이 달린 열매를 맺으며, 논이나 밭 주변의 길가에서 쉽게 볼 수 있다.

도꼬마리 열매를 관찰해 볼까?

관찰 대상	도꼬마리(목련강/국화목/국화과)	발견 가능 시기	4~10월
서식 장소	하천 근처의 논이나 밭, 길가 주변	준비물	공통 준비물(106쪽), 실체 현미경, 추, 천 등

관찰해요!

★ 도꼬마리의 생김새(잎, 줄기, 꽃 등)를 관찰해 볼까?
★ 도꼬마리 열매의 생김새(가시)를 관찰해 볼까?
★ 도꼬마리 열매의 가시는 어떤 구조로 배열되어 있을까?
★ 도꼬마리 열매는 어떤 물질에 잘 달라붙을까?
★ 도꼬마리 씨앗의 구조와 생김새를 관찰해 볼까?
★ 도꼬마리가 주로 하천 주변에서 발견되는 이유는 무엇일까?
★ 옷이나 털에 달라붙은 도꼬마리 열매의 힘은 어느 정도일까?
★ 도꼬마리의 한살이 과정을 탐구해 볼까?

참고해요

도꼬마리는 꽃이 진 자리에 가시가 많이 달린 열매를 맺으며, 열매 속에는 2개의 씨앗이 들어 있습니다. 가시로 덮인 열매와 그 속에 들어 있는 씨앗의 생김새 및 구조를 자세히 관찰해 봅니다. 옷이나 털에 달라붙은 도꼬마리 열매의 힘은 추나 용수철저울을 이용하여 측정하는 것이 좋습니다.

벨크로 테이프는 일명 '찍찍이'라고도 해!

도꼬마리를 응용해서 발명한 벨크로 테이프
(위-갈고리, 아래-걸림고리)

더 탐구해요!

★ 도꼬마리와 비슷한 번식 전략을 가진 도깨비바늘의 생김새를 관찰해 볼까?

들판(논, 밭)에서 볼 수 있는 친구들

늑대거미의 독특한 생활사를 탐구해 볼까?

별늑대거미
알집을 배 끝에 달고 다니며, 알이 부화한 뒤에는 새끼 거미를 등에 지고 다닌다.

알집을 달고 있지 않은 별늑대거미

관찰 대상	별늑대거미 (거미강/거미목/늑대거미과)	발견 가능 시기	4~11월
서식 장소	논 근처의 길가나 둑, 도랑 주변	준비물	공통 준비물(106쪽), 실체 현미경 등

관찰해요!

★ 별늑대거미의 생김새(몸길이, 몸 색깔, 다리 등)를 관찰해 볼까?
★ 별늑대거미가 풀밭 주변에 파 놓은 집(굴)을 찾아볼까?
★ 별늑대거미의 짝짓기 과정을 관찰해 볼까?
★ 별늑대거미는 어떻게 알을 낳을까?
★ 별늑대거미는 어떻게 알을 매달고 다닐까?
★ 어미 별늑대거미의 독특한 육아 방법을 관찰해 볼까?
★ 별늑대거미가 살아가는 모습(먹이 활동)을 관찰해 볼까?
★ 별늑대거미가 살아가는 서식 환경(습도, 온도, 햇빛 등)의 특징을 탐구해 볼까?

참고해요

별늑대거미가 짝짓기하는 과정은 카메라로 촬영한 후 영상을 느리게 재생시키면서 관찰하면 좋습니다. 별늑대거미가 알을 낳는 과정은 서식 환경과 비슷하게 만들어서 직접 사육하면서 관찰합니다. 알을 낳고 알집을 다져서 매달고 다니는 모습까지 자세히 관찰하고 기록합니다.

흰털논늑대거미

더 탐구해요!

★ 늑대거미과에 속한 다른 거미들의 생활사를 탐구해 볼까?

들판(논, 밭)에서 볼 수 있는 친구들 169

강아지풀의
이삭은 왜 곡선을
이루고 있을까?

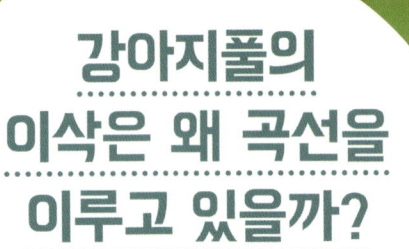

강아지풀
논이나 밭 주변의 길가에서 살아가는 한해살이 식물로, 다 자란 이삭의 모양이 개의 꼬리처럼 생겼다.

관찰 대상	강아지풀(백합강/사초목/화본과)	발견 가능 시기	4~11월
서식 장소	숲 가장자리, 들, 논이나 밭 주변(햇볕이 많이 드는 곳)	준비물	공통 준비물(106쪽), 실체 현미경 등

★ 관찰해요!

- ★ 강아지풀의 생김새(꽃, 잎, 줄기, 뿌리 등)를 관찰해 볼까?
- ★ 강아지풀의 이삭과 가시털, 씨앗을 자세히 관찰해 볼까?
- ★ 다 자란 강아지풀의 이삭은 왜 곡선을 이루고 있을까?
- ★ 다 자란 강아지풀 이삭의 곡선 구조와 번식은 어떤 관계가 있을까?
- ★ 강아지풀의 가시털에는 왜 물방울이 모일까?
- ★ 강아지풀 줄기는 왜 잘 부러지지 않을까?

다 자란 강아지풀

참고해요

강아지풀은 주변에서 쉽게 볼 수 있는 식물이지만 자세히 관찰해 본 적은 별로 없었을 것입니다. 들판에 나가 강아지풀의 꽃과 잎, 줄기, 뿌리 등을 자세히 관찰합니다. 그리고 다 자란 강아지풀의 이삭이 곡선 구조를 이루는 까닭, 가시털에 물방울이 모이는 현상과 관련지어 탐구해 봅니다.

★ 더 탐구해요!

- ★ 강아지풀의 한살이 과정을 탐구해 볼까?

들판(논, 밭)에서 볼 수 있는 친구들 171

참개구리의 점프의 비밀을 탐구해 볼까?

참개구리
논 주변에 주로 살기 때문에 논개구리라고도 불리며, 강한 뒷다리를 이용해 멀리 점프할 수 있다.

참개구리 올챙이

참개구리 새끼

관찰 대상 참개구리(양서강/무미목/개구리과)
발견 가능 시기 4~10월
서식 장소 논, 웅덩이, 연못, 저수지 등
준비물 공통 준비물(106쪽), 실체 현미경 등

관찰해요!

★ 참개구리의 생김새(머리, 배, 다리, 물갈퀴, 몸 색깔, 몸길이 등)를 관찰해 볼까?
★ 참개구리의 울음소리의 특징을 탐구해 볼까?
★ 참개구리가 짝짓기하는 장면을 관찰해 볼까?
★ 참개구리의 알이 부화하는 과정을 관찰해 볼까?
★ 참개구리의 올챙이가 성장해 가는 과정을 관찰해 볼까?
★ 주변 환경의 변화에 따른 참개구리 몸 색깔의 변화를 탐구해 볼까?
★ 참개구리가 어떤 먹이에 반응하는지 알아볼까?
★ 참개구리의 점프의 비밀을 탐구해 볼까?

참개구리의 짝짓기

참고해요

참개구리가 어떤 먹이에 반응하는지 알아보기 위해서는 움직이는 것과 움직이지 않는 것 등으로 구분해서 관찰해 봅니다. 참개구리는 온도 변화에 민감한 동물이므로 맨손으로 만지지 않도록 합니다.

더 탐구해요!

★ 다양한 개구리(무당개구리, 옴개구리, 산개구리 등)들의 점프 동작을 관찰하고 각각의 특징을 서로 비교해 볼까?

들판(논, 밭)에서 볼 수 있는 친구들 173

| 관찰 대상 | 양봉꿀벌(곤충강/벌목/꿀벌과) | 발견 가능 시기 | 3~10월 |
| 서식 장소 | 꽃이 많이 핀 들판이나 숲 | 준비물 | 공통 준비물(106쪽), 실체 현미경 등 |

관찰해요!

★ 꿀벌의 생김새(여왕벌, 일벌, 수벌)를 관찰해 볼까?
★ 꿀벌은 종류(여왕벌, 일벌, 수벌)에 따라 각각 어떤 역할을 할까?
★ 꿀벌은 종류(여왕벌, 일벌, 수벌)에 따라 벌집의 방이 어떻게 다를까?
★ 꿀벌은 주로 어떤 꽃(색깔, 종류, 무늬, 향기 등)에 모일까?
★ 꿀벌이 비행하는 모습을 관찰해 볼까?
★ 꿀벌은 왜 앞날개와 뒷날개를 연결하여 비행할까?
★ 꿀벌은 왜 집을 육각형 구조로 만들까?
★ 꿀벌의 집은 어떤 성분으로 이루어져 있을까?

참고해요

꿀벌을 관찰할 때에는 벌침에 쏘이지 않도록 안전에 유의합니다. 꿀벌이 만든 벌집이나 방의 구조를 관찰할 때에는 직접 양봉하는 곳을 찾아가서 관찰하는 것도 좋습니다. 꿀벌이 비행하는 모습을 관찰할 때에는 카메라로 촬영한 영상을 느린 속도로 재생한 후에 살펴봅니다.

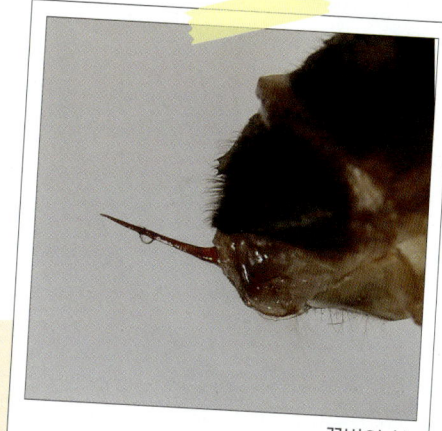

꿀벌의 침

더 탐구해요!

★ 꿀벌의 침(생김새와 구조, 성분)에 대해 탐구해 볼까?

호랑거미는 왜 거미줄을 흔들까?

호랑거미
나뭇가지나 풀숲 사이에 거미줄을 쳐서 작은 곤충을 잡아먹고 살아간다.

관찰 대상	호랑거미(거미강/거미목/왕거미과)
서식 장소	숲이나 들판

발견 가능 시기	5~10월
준비물	공통 준비물(106쪽), 온·습도계 등

관찰해요!

★ 호랑거미의 생김새(다리, 머리, 눈, 몸 색깔, 몸길이 등)를 관찰해 볼까?

★ 호랑거미가 거미줄을 치는 과정을 관찰해 볼까?

★ 호랑거미가 쳐 놓은 거미줄의 구조와 특징을 찾아볼까?

★ 호랑거미는 왜 거미줄에 흰 띠를 만들어 놓을까?

★ 호랑거미가 거미줄을 완성하는 데 걸리는 시간은 얼마나 될까?

★ 호랑거미가 왜 거미줄을 흔드는지 탐구해 볼까?

★ 호랑거미가 먹이 활동 하는 모습을 관찰해 볼까?

★ 호랑거미가 살아가는 서식 환경의 특징을 찾아볼까?

참고해요

호랑거미는 한곳에 거미줄을 쳐서 먹이 활동을 하고 살아가는 거미입니다. 호랑거미의 생김새를 자세히 관찰하고 녀석이 가진 독특한 습성을 찾아보세요. 또 호랑거미가 만든 거미줄을 꼼꼼히 살펴보고 그 구조와 특징을 탐구해 봅니다.

호랑거미가 쳐 놓은 거미줄

더 탐구해요!

★ 호랑거미가 만든 흰 띠를 구성하는 물질은 무엇인지 탐구해 볼까?

들판(논, 밭)에서 볼 수 있는 친구들 177

청개구리는 주변 환경에 따라 몸 색깔이 어떻게 달라질까?

청개구리
보통 몸 색깔이 녹색을 띠고 있으며, 발바닥에 빨판이 있어 나무나 벽을 잘 타고 오를 수 있다.

성체 청개구리로 변태하기 직전의 모습

관찰 대상	청개구리(양서강/무미목/청개구리과)	발견 가능 시기	4~11월
서식 장소	논이나 연못 주변의 갈대나 나무, 계곡 근처 숲	준비물	공통 준비물(106쪽), 실체 현미경, 사육 상자 등

관찰해요!

★ 청개구리의 생김새(몸 색깔, 다리, 발가락 등)를 관찰해 볼까?

★ 청개구리가 낳은 알의 생김새를 관찰해 볼까?

★ 주변 환경(색깔)의 변화에 따라 청개구리의 몸 색깔의 변화를 관찰해 볼까?

★ 올챙이도 주변 환경(색깔)의 변화에 따라 몸 색깔이 달라질까?

★ 청개구리의 발바닥(발가락)을 자세히 관찰해 볼까?

★ 청개구리의 울음소리를 듣고 그 특징을 알아볼까?

★ 청개구리의 울음소리는 서식 환경(온도, 습도, 기압)의 변화에 따라 어떻게 달라질까?

★ 청개구리의 한살이 과정을 탐구해 볼까?

참고해요

주변 환경(색깔)의 변화에 따른 몸 색깔의 변화를 알아보기 위해서는 각각 색이 다른 사육 상자에 넣은 뒤 청개구리의 몸 색깔을 관찰하고 기록합니다. 청개구리가 나무나 벽을 잘 타고 오르는 까닭을 발바닥(발가락)의 생김새를 관찰하면서 알아봅니다.

청개구리 몸 색깔 변화

더 탐구해요!

★ 벽면에 달라붙는 청개구리의 발바닥 구조를 일상생활에 활용할 수 있는 방법을 찾아볼까?

톱다리개미허리노린재
숲이나 들에서 쉽게 볼 수 만날 수 있는 곤충으로 약충 시기 모습이 개미를 닮았다.

톱다리개미허리노린재는 왜 개미를 흉내 낼까?

톱처럼 생긴 톱다리개미허리노린재의 다리

관찰 대상	톱다리개미허리노린재(곤충강/노린재목/호리허리노린재과)
서식 장소	콩과 식물이 많은 들판이나 숲
발견 가능 시기	5~10월
준비물	공통 준비물(106쪽), 루페, 실체 현미경 등

관찰해요!

★ 톱다리개미허리노린재의 생김새(머리, 가슴, 배, 허리, 다리, 몸 색깔 등)를 관찰해 볼까?
★ 톱다리개미허리노린재 약충의 생김새를 관찰해 볼까?
★ 톱다리개미허리노린재 약충은 왜 개미와 생김새가 닮았을까?
★ 톱다리개미허리노린재의 톱니 모양의 가시가 달린 다리를 관찰해 볼까?
★ 톱다리개미허리노린재가 먹이 활동 하는 모습을 관찰해 볼까?
★ 천적의 위협을 받으면 톱다리개미허리노린재는 어떤 반응을 보일까?
★ 톱다리개미허리노린재가 풍기는 냄새의 정체는 뭘까?

참고해요

톱다리개미허리노린재는 약충 시기에는 개미를 닮았지만 성충이 되면 벌과 비슷한 생김새로 변합니다. 알에서 약충, 성충으로 성장해 가는 톱다리개미허리노린재의 생김새를 관찰해 봅니다. 다 자란 톱다리개미허리노린재의 구석구석을 관찰하고 왜 톱다리개미허리노린재라고 부르는지 생각해 봅니다.

개미를 닮은 톱다리개미허리노린재 약충

더 탐구해요!

★ 톱다리개미허리노린재의 한살이 과정을 탐구해 볼까?

하천(하류)·둠벙(개울, 저수지, 연못)에서 볼 수 있는 친구들

애소금쟁이　　생이가래　　해캄

마름　　게아재비　　피라미

송장헤엄치게　　연　　장구애비

게아재비
낫처럼 생긴 앞다리를 이용하여 물속에서 먹이 활동을 하며 살아간다.

게아재비는 물속에서 어떻게 숨을 쉴까?

게아재비의 숨관

게아재비의 앞다리

관찰 대상 게아재비(곤충강/노린재목/장구애비과)
서식 장소 논이나 주변의 도랑, 저수지, 연못 등
발견 가능 시기 4~10월
준비물 공통 준비물(106쪽), 실체 현미경, 뜰채, 버니어 캘리퍼스, 수조 등

관찰해요!

★ 게아재비의 생김새(머리, 가슴, 배, 몸 색깔, 몸길이, 호흡관, 다리 등)를 관찰해 볼까?
★ 사마귀의 생김새를 관찰하고 게아재비와 서로 다른 점을 찾아볼까?
★ 게아재비가 사냥하는 모습을 관찰해 볼까?
★ 게아재비의 각 다리가 어떤 역할을 하는지 알아볼까?
★ 게아재비 성충이 어떻게 숨을 쉬고 살아가는지 탐구해 볼까?
★ 게아재비 약충이 어떻게 숨을 쉬고 살아가는지 탐구해 볼까?
★ 게아재비가 사는 물속 환경(물의 속도, 온도, 오염도 등)의 특징을 찾아볼까?
★ 물속에서 살아가는 게아재비가 비행을 할 수 있을까?

참고해요

게아재비는 물사마귀로 불릴 만큼 땅 위에서 사는 사마귀와 비슷하게 생겼습니다. 게아재비와 사마귀의 생김새를 관찰하며 공통점과 차이점을 찾아보세요. 게아재비 성충은 배 끝에 달린 2개의 호흡관을 이용해 숨을 쉬지만, 약충은 아가미를 이용하여 숨을 쉽니다. 게아재비가 물속에서 어떻게 숨을 쉬고 살아가는지 자세히 관찰해 봅니다.

더 탐구해요!

★ 방게아재비의 생김새와 습성을 탐구해 볼까?

방게아재비

하천(하류)·둠벙(개울, 저수지, 연못)에서 볼 수 있는 친구들

장구애비 약충

장구애비의 숨관

장구애비의 생김새를 관찰해 볼까?

장구애비
생김새가 전갈을 닮아 물속의 전갈로 불리며, 낫처럼 생긴 앞다리를 이용하여 먹이 활동을 한다.

관찰 대상	장구애비(곤충강/노린재목/장구애비과)	발견 가능 시기	4~10월
서식 장소	논이나 주변의 도랑의 물살이 느린 곳, 연못 등	준비물	공통 준비물(106쪽), 실체 현미경, 뜰채, 버니어 캘리퍼스, 수조 등

★ 관찰해요!

★ 장구애비의 생김새(머리, 가슴, 배, 몸 색깔, 몸길이, 숨관, 다리 등)를 관찰해 볼까?

★ 장구애비가 사냥하는 모습을 관찰해 볼까?

★ 장구애비의 활동 모습을 관찰하고 각 다리가 어떤 역할을 하는지 알아볼까?

★ 장구애비가 알을 낳는 과정을 관찰해 볼까?

★ 장구애비 약충이 탈피하는 과정을 관찰해 볼까?

★ 장구애비가 사는 물속 환경(물의 속도, 온도, 오염도 등)의 특징을 찾아볼까?

★ 장구애비의 한살이(알-약충-성충)를 관찰하고 기록해 볼까?

참고해요

짝짓기를 끝낸 장구애비 암컷은 물 밖으로 나와서 이끼가 많은 곳에 알을 낳습니다. 장구애비의 알을 보기 위해서는 장구애비가 사는 논이나 연못 주변의 이끼가 많은 곳을 찾아봐야 합니다. 참고로 장구애비가 낳은 알은 물속에서도 숨을 쉴 수 있습니다.

메추리장구애비

★ 더 탐구해요!

★ 메추리장구애비의 생김새와 특징을 탐구해 볼까?

하천(하류)·둠벙(개울, 저수지, 연못)에서 볼 수 있는 친구들

관찰 대상 연(목련강/수련목/수련과) **발견 가능 시기** 5~10월
서식 장소 연못이나 저수지, 생태 공원 **준비물** 공통 준비물(106쪽), 실체 현미경 등

관찰해요!

★ 연의 생김새(잎, 꽃, 땅속줄기, 뿌리 등)를 관찰해 볼까?
★ 하루 동안 연꽃이 변화하는 모습을 관찰하고 기록해 볼까?
★ 연잎의 표면(윗면, 뒷면, 구조)을 관찰해 볼까?
★ 연잎에는 왜 물방울이 모일까?
★ 연잎은 왜 항상 깨끗한 상태를 유지할까?
★ 물속에서 살기에 적합한 연잎의 부위를 찾아서 관찰해 볼까?
★ 연잎은 왜 물속에서 군집을 이루고 있을까?
★ 연의 열매(연밥)의 생김새를 관찰해 볼까?
★ 연뿌리가 물을 정화하는 능력을 탐구해 볼까?

참고해요

연잎에 여러 가지 액체를 흘려보낸 뒤 연잎에 생기는 변화를 관찰해 봅니다. 연잎 표면을 현미경을 이용하여 자세히 관찰하고 왜 물방울이 모이는지 탐구해 봅니다. 연을 관찰하기 위해 연못이나 저수지 등에 갈 때에는 안전사고에 유의합니다.

연잎 위에 생긴 물방울

더 탐구해요!

★ 연처럼 잎 표면에 물방울이 모이는 다른 식물을 찾아서 관찰해 볼까?
★ 연잎 표면에 물방울이 모이는 성질을 일상생활에 활용할 수 있는 방법을 찾아볼까?

송장헤엄치게
노처럼 생긴 긴 뒷다리를 가지고 있으며, 몸을 거꾸로 뒤집은 채 물에 떠 있는 경우가 많다.

송장헤엄치게 약충

송장헤엄치게는 왜 비스듬히 물에 떠 있을까?

관찰 대상	송장헤엄치게(곤충강/노린재목/송장헤엄치게과)
서식 장소	물이 오염되지 않은 연못이나 웅덩이, 논도랑, 저수지

발견 가능 시기	3~10월
준비물	공통 준비물(106쪽), 실체 현미경, 뜰채, 버니어 캘리퍼스, 수조 등

관찰해요!

- ★ 송장헤엄치게의 생김새(머리, 가슴, 배, 몸 색깔, 다리 등)를 관찰해 볼까?
- ★ 물속에 있는 송장헤엄치게의 몸 색깔을 관찰해 볼까?
- ★ 송장헤엄치게는 물속에서 어떻게 숨을 쉴까?
- ★ 송장헤엄치게는 왜 비스듬히 물에 떠 있을까?
- ★ 송장헤엄치게의 3쌍의 다리는 물속에서 각각 어떤 역할을 할까?
- ★ 송장헤엄치게가 헤엄치는 모습(잠수)을 관찰해 볼까?
- ★ 송장헤엄치게가 서식하는 환경(물의 속도, 온도, 빛, 오염도 등)의 특징을 탐구해 볼까?

참고해요

송장헤엄치게는 3쌍의 다리가 각각 서로 다른 역할을 하고 있습니다. 물 위에 떠 있거나 물속에서 헤엄치는 모습, 먹이 활동 하는 모습 등을 관찰하면서 3쌍의 다리가 각각 어떤 역할을 하는지 관찰해 봅니다. 한편 송장헤엄치게는 위협을 느끼면 침을 쏘기 때문에 장갑을 끼고 관찰하는 것이 좋습니다.

3쌍의 다리를 가진 송장헤엄치게

더 탐구해요!

- ★ 물속에서 살아가는 송장헤엄치게가 물 밖에서도 곧바로 비행이 가능한 이유를 탐구해 볼까?

마름이 물에 뜨는 이유를 탐구해 볼까?

마름
한해살이 식물로 깨끗한 물보다는 영양 물질이 풍부한 습지에서 살아간다.

마름의 공기주머니

| 관찰 대상 | 마름(목련강/도금양목/마름과) | 발견 가능 시기 | 4~10월, 7~8월(꽃) |
| 서식 장소 | 물살이 느린 저수지나 웅덩이, 하천 등 | 준비물 | 공통 준비물(106쪽), 실체 현미경 등 |

관찰해요!

★ 마름의 생김새(잎, 잎자루, 줄기, 꽃 등)를 관찰해 볼까?
★ 마름의 공기주머니를 관찰해 볼까?
★ 마름의 공기주머니 속에 들어 있는 기체의 성분은 무엇일까?
★ 마름의 공기주머니가 가진 부력의 힘은 얼마나 될까?
★ 마름이 자생하는 곳의 환경의 특징(물의 속도, 온도, 깊이, 오염도 등)을 찾아볼까?
★ 마름 열매의 생김새를 자세히 관찰해 볼까?
★ 마름 열매에는 왜 가시가 달려 있을까?

참고해요

마름의 공기주머니는 겉에서 본 모습과 가로와 세로로 자른 내부의 모습을 관찰합니다. 마름 열매를 자세히 관찰하고, 가시가 달려 있는 까닭을 마름의 번식 방법과 관련지어 탐구해 봅니다. 마름은 저수지나 하천 등과 같은 습지 주변에서 자라는 식물입니다. 이렇게 습지에 살아가는 생물을 관찰할 때에는 항상 안전에 유의합니다.

마름 열매

더 탐구해요!

★ 마름을 직접 키워서 성장 과정을 관찰해 볼까?

피라미는 왜 떼를 지어 다닐까?

피라미 떼

피라미 암컷

피라미(수컷)
수질 오염에 견디는 성질이 비교적 강한 물고기로, 물살이 빠른 강이나 냇가에서 쉽게 볼 수 있다.

관찰 대상	피라미(조기강/잉어목/잉어과)	발견 가능 시기	연중
서식 장소	하천 중류나 하류	준비물	공통 준비물(106쪽), 버니어 캘리퍼스 등

관찰해요!

★ 피라미의 생김새(몸 색깔, 몸길이, 지느러미, 비늘, 아가미 등)를 관찰해 볼까?

★ 짝짓기 시기 암컷과 수컷의 생김새를 관찰하고 비교해 볼까?

★ 피라미가 알 낳는 장면을 관찰해 볼까?

★ 피라미가 살아가는 서식 환경(물속 산소량, 물의 속도, 온도 등)의 특징을 찾아볼까?

★ 피라미는 왜 떼를 지어 다닐까?

★ 피라미가 헤엄치는 모습을 관찰하고 그 특징을 찾아볼까?

★ 피라미가 좋아하는 먹이는 무엇일까?

참고해요

피라미는 짝짓기 시기가 되면 몸 색깔이 다르게 변합니다. 평상시 몸 색깔과 짝짓기 시기 몸 색깔을 관찰하여 달라진 점을 찾아봅니다. 피라미는 우리나라의 하천 생태계에서 가장 쉽게 볼 수 있는 물고기이지만, 피라미를 자세히 살펴보고 관찰한 적은 거의 없었을 것입니다. 피라미 관찰로 우리 주변에서 살아가는 물고기에 관심을 갖고 탐구해 보세요.

더 탐구해요!

★ 피라미와 갈겨니의 생김새를 관찰하고 다른 점을 찾아볼까?

참갈겨니

생이가래가 번식하는 방법을 탐구해 볼까?

생이가래
잎에 털이 많이 나 있으며, 주로 느린 속도로 흐르는 물 위에 떠서 살아간다.

관찰 대상 생이가래(고사리강/생이가래목/생이가래과) **발견 가능 시기** 4~10월
서식 장소 물살이 느린 웅덩이나 연못, 저수지 등 **준비물** 공통 준비물(106쪽), 실체 현미경, 자 등

관찰해요!

★ 생이가래의 생김새(잎, 줄기, 포자 등)를 관찰해 볼까?
★ 생이가래 잎의 모용(털)을 자세히 관찰해 볼까?
★ 생이가래 잎이 물에 뜨는 비밀을 탐구해 볼까?
★ 생이가래 잎을 물속에 넣은 후 나타나는 변화를 관찰해 볼까?
★ 생이가래가 번식하는 방법을 탐구해 볼까?
★ 생이가래의 포자낭을 관찰해 볼까?
★ 생이가래가 자생하는 곳의 환경(물의 속도, 온도, 깊이, 오염도 등)의 특징을 찾아볼까?

참고해요

생이가래는 땅에 뿌리를 내리지 않고(뿌리가 없음) 물 위에 떠서 자라는 식물입니다. 물속에 잠겨 있는 뿌리처럼 보이는 것은 뿌리가 아니라 침수엽(잎)입니다. 또 생이가래는 꽃을 피우지 않고 포자를 이용하여 번식하는 양치식물입니다. 생이가래 잎이 물에 뜨는 비밀을 탐구하기 위해서는 잎에 나 있는 모용과 물속에 잠긴 침수엽, 그리고 줄기를 자세히 관찰해야 합니다.

물 위에 가득 떠 있는 생아가래

더 탐구해요!

★ 생이가래의 수질 정화 능력을 탐구해 볼까?

관찰 대상	애소금쟁이(곤충강/노린재목/소금쟁이과)	**발견 가능 시기**	5~10월
서식 장소	물살이 느린 하천이나 웅덩이, 연못, 논, 개울, 저수지 등	**준비물**	공통 준비물(106쪽), 실체 현미경 등

관찰해요!

★ 애소금쟁이의 생김새(머리, 가슴, 배, 다리, 더듬이 등)를 관찰해 볼까?

★ 애소금쟁이는 왜 물에 빠지지 않을까?

★ 애소금쟁이의 다리에 난 털을 자세히 관찰해 볼까?

★ 물 위에 떠 있는 애소금쟁이를 관찰하고 3쌍의 다리가 각각 어떤 역할을 하는지 탐구해 볼까?

★ 애소금쟁이가 살아가는 서식 환경(물의 속도, 온도·깊이·오염도 등)의 특징을 찾아볼까?

★ 애소금쟁이가 먹이 활동 하는 모습을 관찰해 볼까?

★ 애소금쟁이 몸에서 나는 달콤한 냄새의 정체는 무엇일까?

애소금쟁이의 짝짓기

참고해요

애소금쟁이가 물 위에 떠 있는 모습을 관찰하고 3쌍의 다리가 각각 어떤 역할을 하는지 탐구해 봅니다. 애소금쟁이를 관찰하다 보면 몸에서 달콤한 냄새가 난다는 것을 알 수 있습니다. 애소금쟁이의 몸에서 나는 냄새의 정체는 무엇인지 탐구해 봅니다.

더 탐구해요!

★ 애소금쟁이도 비행을 할 수 있을까?

해캄
생김새가 머리카락을 닮았으며, 강이나 저수지 등 물살이 느린 곳에서 쉽게 발견된다.

해캄은 왜 물속을 오르락내리락 할까?

관찰 대상	해캄(녹조식물강/별해캄목/별해캄과)	발견 가능 시기	3~11월
서식 장소	물살이 느린 강이나 저수지, 논 등	준비물	공통 준비물(106쪽), 실체 현미경 등

관찰해요!

★ 해캄의 생김새를 관찰해 볼까?

★ 해캄이 살아가는 환경(pH, 온도, 햇빛 등)의 특징을 찾아볼까?

★ 해캄이 사는 곳과 살지 않는 곳을 관찰하고 차이점을 찾아볼까?

★ 식물이 아닌 해캄도 광합성을 할까?

★ 해캄은 어떤 방법으로 번식할까?

★ 해캄은 왜 물 위에 떠 있을까?

★ 해캄은 왜 물속을 오르락내리락할까?

★ 해캄 덩어리에서 생긴 공기 방울의 정체가 뭘까?

참고해요

해캄을 자세히 관찰하기 위해서는 실체 현미경(생물체를 해부할 때 쓰는, 비교적 낮은 배율의 현미경)을 이용하는 것이 좋습니다. 해캄이 물속을 오르락내리락하는 이유를 찾기 위해서는 먼저 해캄이 언제 올라오고 내려가는지 살펴봅니다. 또 햇빛의 양과 온도를 다르게 한 뒤 나타나는 변화를 관찰합니다.

옆 사진은 40배 확대된 해캄의 모습이에요.

더 탐구해요!

★ 해캄이 오염된 물을 정화할 수 있는지 탐구해 볼까?

바닷가(갯벌)에서 볼 수 있는 친구들

노랑부리저어새 쇠백로 큰고니

흰물떼새

농게

엽낭게 갯강구

관찰 대상	농게(연갑강/십각목/달랑게과)	발견 가능 시기	4~11월
서식 장소	서·남해안의 갯벌	준비물	공통 준비물(106쪽), 버니어 캘리퍼스, 염분 농도 측정기, 체, 호미, 삽 등

관찰해요!

★ 농게 암컷과 수컷의 생김새(집게다리, 눈, 몸 색깔, 몸길이 등)를 관찰해 볼까?

★ 농게의 다리를 관찰하고 각각 어떤 역할을 하는지 알아볼까?

★ 농게가 사는 갯벌의 특징(진흙 알갱이의 크기와 굵기 등)을 알아볼까?

★ 갯벌 환경(온도, 염분)에 따른 농게의 활동량의 차이를 비교해 볼까?

★ 암컷과 수컷의 먹이 활동 모습을 관찰하고 섭취한 먹이양의 차이를 비교해 볼까?

★ 농게가 굴에 들어가고 나오는 과정을 관찰해 볼까?

★ 농게가 파 놓은 구멍의 크기를 측정해 볼까?

★ 수컷 농게의 커다란 집게발은 왼쪽과 오른쪽 중 어디에 더 많이 있을까?

★ 수컷 농게는 암컷을 유혹하기 위해 집게발을 얼마나 많이 흔들까?

참고해요

농게가 서식하는 갯벌의 특징을 알아내기 위해서는 굴 주변의 진흙을 채취하여 햇볕에 건조시킨 뒤, 체에 걸러서 알갱이의 크기와 굵기를 관찰합니다. 암컷과 수컷의 먹이 활동을 관찰할 때에는 일정한 시간 동안 집게발을 사용한 횟수를 기록하여 서로 비교해 보는 것이 좋습니다.

농게 암컷의 먹이 활동

더 탐구해요!

★ 농게와 닮은 흰발농게의 생활사를 탐구해 볼까?

★ 농게의 갯벌 정화 능력을 탐구해 볼까?

엽낭게
주로 모래가 많은 갯벌에서 살며, 먹이 활동을 하고 난 뒤에는 구슬 모양의 작은 모래 덩이를 남긴다.

엽낭게는 왜 모래 구슬을 만들까?

관찰 대상 엽낭게(연갑강/십각목/콩게과) **발견 가능 시기** 4~10월
서식 장소 모래가 많이 퇴적되어 있는 모래 갯벌 **준비물** 공통 준비물(106쪽), 시약 등

관찰해요!

★ 엽낭게의 생김새(집게다리, 눈, 몸 색깔, 몸길이 등)를 관찰해 볼까?
★ 엽낭게의 몸 색깔과 주변의 모래 색깔을 비교해 볼까?
★ 엽낭게는 왜 모래 구슬을 만들까?
★ 엽낭게는 얼마나 많은 모래 구슬을 만들까?
★ 엽낭게가 만든 모래 구슬을 관찰해 볼까?
★ 엽낭게가 만든 모래 구슬의 성분을 주변의 흙과 비교해 볼까?
★ 엽낭게가 모래 갯벌 속에 만든 집(구멍 크기와 깊이 등)은 어떻게 생겼을까?

참고해요

엽낭게가 갯벌을 깨끗하게 정화시키는지 알아보기 위해서는 먹이 활동을 하고 만든 모래 구슬의 성분을 주변의 흙과 비교해 보아야 합니다. 흙 속에 들어 있는 성분을 분석할 때에는 채취한 흙을 물과 섞어 pH, DO(물속 산소량), COD(화학적 산소 요구량) 성분 등을 측정해 봅니다(혼자 하기 어려우면 선생님이나 주변 어른들에게 도움을 요청해도 좋습니다).

엽낭게가 만든 모래 구슬

더 탐구해요!

★ 엽낭게가 주변 소리의 크기에 따라 어떤 반응을 보이는지 관찰해 볼까?

갯강구는 사람이 나타나면 왜 돌 밑으로 숨을까?

갯강구
생김새가 바퀴벌레를 닮아 바다에 사는 바퀴벌레로 불리며, 해안가에 집단으로 모여 살아간다.

갯강구 아랫면 모습

관찰 대상	갯강구(연갑강/등각목/갯강구과)	발견 가능 시기	3~11월
서식 장소	해안가 돌 밑이나 바위틈	준비물	공통 준비물(106쪽)

관찰해요!

★ 갯강구의 생김새(머리, 배, 다리, 꼬리다리, 몸 색깔, 몸길이 등)를 관찰해 볼까?

★ 사람이 나타나면 갯강구는 왜 돌 밑에 숨을까?

★ 갯강구는 밀물이 들어올 때 어떻게 살아갈까?

★ 주변 환경에 따른 갯강구의 몸 색깔의 변화를 관찰해 볼까?

★ 갯강구가 번식하는 과정을 관찰해 볼까?

★ 갯강구의 탈피 과정을 관찰해 볼까?

★ 갯강구가 좋아하는 먹이는 무엇일까?

참고해요

갯강구는 아가미를 가지고 있어서 물속에서도 숨을 쉴 수 있습니다. 바닷물 속에서 어떻게 호흡을 하는지 관찰해 봅니다. 주변 환경에 따라 갯강구의 몸 색깔이 어떻게 달라지는지 알아보기 위해서는 사육 환경(색깔)에 변화를 준 뒤 관찰합니다. 갯강구의 먹이 활동을 관찰하면서 왜 녀석이 해안 생태계의 청소부라고 불리는지 생각해 봅니다.

더 탐구해요!

★ 산에 사는 멧강구의 생김새를 관찰하고 갯강구와 비슷한 점과 다른 점을 탐구해 볼까?

멧강구

바닷가(갯벌)에서 볼 수 있는 친구들 209

쇠백로의 먹이 활동을 관찰해 볼까?

쇠백로
백로과에 속한 새 가운데 몸집이 가장 작은 새로, 주로 물고기나 개구리 등을 잡아먹으며 살아간다.

쇠백로의 비행

관찰 대상	쇠백로(조강/황새목/백로과)	발견 가능 시기	사계절
서식 장소	논, 하천, 저수지, 바닷가(갯벌) 등의 습지 주변	준비물	공통 준비물(106쪽), 망원경 등

관찰해요!

★ 쇠백로의 생김새(머리, 다리, 발, 부리, 몸 색깔 등)를 관찰해 볼까?

★ 여름 번식기 쇠백로의 생김새를 관찰하고 겨울 때의 모습과 달라진 점을 찾아볼까?

★ 백로가 집단으로 번식하는 곳의 특징을 찾아볼까?

★ 백로가 둥지를 짓는 과정을 관찰해 볼까?

★ 쇠백로가 먹이 활동 하는 모습을 관찰해 볼까?

★ 쇠백로가 비행하는 모습을 관찰해 볼까?

 참고해요

쇠백로는 매우 예민한 습성을 가진 새여서 가까이 다가가 관찰하기가 어렵습니다. 이 때에는 쇠백로가 스트레스를 받지 않도록 망원경을 이용하여 먼 거리에서 관찰합니다. 쇠백로가 비행하는 모습을 관찰하기 위해 일부러 소리를 지르거나 돌멩이를 던지는 것과 같은 위협적인 행동을 하지 않습니다.

더 탐구해요!

★ 백로과에 속한 다른 새 (중대백로, 왜가리 등)들을 관찰해 볼까?

중대백로

노랑부리저어새는 어떻게 먹이 활동을 할까?

노랑부리저어새
주걱처럼 생긴 끝이 기다란 부리로 물속을 휘저어 가면서 먹이 활동을 한다.

노랑부리저어새의 먹이 활동

| 관찰 대상 | 노랑부리저어새(조강/황새목/저어새과) | 발견 가능 시기 | 10~4월 |
| 서식 장소 | 하천이나 바닷가 갯벌, 물이 찬 논 | 준비물 | 공통 준비물(106쪽), 망원경 등 |

관찰해요!

★ 노랑부리저어새의 생김새(머리, 부리, 몸 색깔, 다리, 발 등)를 관찰해 볼까?

★ 다 자란 노랑부리저어새와 새끼 노랑부리저어새의 생김새를 비교해 볼까?

★ 노랑부리저어새가 먹이 활동 하는 모습을 관찰해 볼까?

★ 노랑부리저어새는 주로 어떤 먹이를 사냥할까?

★ 노랑부리저어새의 사냥 성공률은 얼마나 될까?

★ 노랑부리저어새가 휴식을 취하는 모습을 관찰해 볼까?

★ 노랑부리저어새가 비행하는 모습을 관찰해 볼까?

노랑부리저어새의 비행

참고해요

노랑부리저어새는 우리나라에서 겨울을 보내는 겨울 철새로 개체 수가 매우 적기 때문에 월동지(주남 저수지, 우포늪, 강진만, 천수만 등)를 찾아가서 관찰하는 것이 좋습니다. 가까이 다가가면 멀리 날아가 버릴 수 있으므로 노랑부리저어새가 위협을 느끼지 않도록 먼 거리에서 망원경이나 고배율의 렌즈를 갖춘 카메라로 관찰합니다.

더 탐구해요!

★ 백로과(쇠백로, 중대백로 등)에 속한 새들의 먹이 활동 모습과 노랑부리저어새의 먹이 활동 모습이 어떻게 다른지 서로 비교해볼까?

흰물떼새는 천적이 나타나면 왜 날개를 다친 척할까?

흰물떼새(암컷)
앞가슴이 하얀색을 띠고 있으며, 봄에 우리나라를 찾아와 번식을 하는 여름 철새이다.

흰물떼새 수컷

| **관찰 대상** | 흰물떼새(조강/도요목/물떼새과) | **발견 가능 시기** | 4~10월 |
| **서식 장소** | 모래나 자갈이 많은 바닷가 주변, 강 하구 | **준비물** | 공통 준비물(106쪽), 망원경 등 |

관찰해요!

★ 흰물떼새의 생김새(머리, 부리, 몸 색깔, 다리, 발 등)를 관찰해 볼까?

★ 흰물떼새가 만든 둥지를 찾아볼까?

★ 흰물떼새는 왜 둥지를 맨땅에 만들까?

★ 흰물떼새가 낳은 알의 색깔과 주변 환경의 색깔을 비교해 볼까?

★ 어미 흰물떼새가 알을 품은 모습을 관찰해 볼까?

★ 알을 품은 어미 흰물떼새는 천적이 나타나면 어떤 행동을 할까?

★ 천적이 나타났을 때 어미 흰물떼새는 왜 다리나 날개를 다친 척할까?

참고해요

흰물떼새가 낳은 알을 관찰할 때에는 부화에 영향을 주지 않게 되도록 빠른 시간 안에 살펴봐야 합니다. 이때 사진이나 영상을 찍어서 나중에 자세히 관찰하는 것도 좋습니다. 흰물떼새가 알을 품은 모습을 관찰할 때에는 어미가 경계하지 않도록 먼 곳에서 망원경 등을 이용하여 살펴봅니다.

흰물떼새의 의상 행동(생존을 위해 적을 혼란스럽게 하는 행동)

더 탐구해요!

★ 흰물떼새와 생김새가 비슷한 흰목물떼새의 생김새를 관찰해 볼까?

관찰 대상	큰고니(조강/기러기목/오리과)	발견 가능 시기	10~4월
서식 장소	강 하구, 바닷가 갯벌, 호수, 저수지 등	준비물	공통 준비물(106쪽), 망원경 등

관찰해요!

★ 큰고니의 생김새(머리, 부리, 다리, 발 등)를 관찰해 볼까?

★ 어린 큰고니와 다 자란 큰고니의 생김새를 관찰하고 서로 다른 점을 찾아볼까?

★ 큰고니가 비행하는 과정을 관찰해 볼까?

★ 하루 동안 큰고니의 움직임을 관찰해 볼까?

★ 큰고니가 먹이 활동(자맥질) 하는 모습을 관찰해 볼까?

★ 큰고니는 왜 한쪽 다리로 선 채 휴식을 취할까?

★ 큰고니가 내는 소리의 특징을 찾아볼까?

참고해요

큰고니는 몸집이 커서 곧바로 하늘로 날아오르기가 어렵습니다. 그래서 비행을 하려면 비행기처럼 긴 활주로가 필요합니다. 큰고니가 비행을 하는 상황과 하늘로 날아오르기까지의 과정을 자세히 관찰해 보세요. 큰고니를 관찰할 때에는 되도록 화려한 색상을 가진 복장보다는 주변의 환경과 비슷한 색깔의 복장을 하는 것이 좋습니다. 또 가까이 다가가거나 큰 소리를 내지 말고 망원경이나 고배율의 렌즈를 갖춘 카메라로 멀리서 관찰합니다.

어린 큰고니

더 탐구해요!

★ 큰고니끼리는 어떻게 의사소통(울음소리와 몸짓)을 하는지 탐구해 볼까?

- 탐구 대회 보고서
- 탐구 대회 발표 자료
- 관찰 일지

03

| 부록

한 걸음 더

탐구 대회 보고서

'남방폭탄먼지벌레'는 '폭탄먼지벌레'와 어떻게 다를까?

남방폭탄먼지벌레

폭탄먼지벌레

- 소속 :
- 출품팀명 :
- 학생 :

목 차

Ⅰ. 탐구 동기 및 목적   1

Ⅱ. 탐구 기간 및 장소   2

Ⅲ. 탐구 내용 및 결과   3

  탐구과제 1. 남방폭탄면지벌레는 어디에 살까?   3
  탐구과제 2. 남방폭탄면지벌레는 언제 활동할까?   5
  탐구과제 3. 남방폭탄면지벌레 생김새를 관찰해 볼까?   7
  탐구과제 4. 남방폭탄면지벌레는 날 수 있을까?   8
  탐구과제 5. 남방폭탄면지벌레는 얼마나 자주 방귀를 뀔까?   10
  탐구과제 6. 남방폭탄면지벌레가 방귀를 뀌는 방향은 항상 같을까?   11
  탐구과제 7. 방귀는 남방폭탄면지벌레 몸 어디에서 만들어질까?   13

Ⅳ. 결론   15

Ⅴ. 더 알고 싶은 점   16

Ⅵ. 참고 문헌

Ⅰ. 탐구 동기

얼마 전 TV를 보다가 폭탄먼지벌레라는 곤충을 알게 되었다. 꽁무니에서 폭탄 가스가 나온다는 사실이 무척 인상적이었다. 실제로 우리 주변에서 채집할 수 있는지 야외로 나가 보았다. 하지만 폭탄먼지벌레를 찾을 수가 없었다. 야행성 곤충이어서 주로 밤에만 활동하기 때문이었다. 평소 곤충과 관련된 지식이 풍부한 담임선생님께 폭탄먼지벌레의 생활사를 여쭈어 보았다. 선생님께서는 폭탄먼지벌레는 남방폭탄먼지벌레와 폭탄먼지벌레 두 종류가 있다고 말씀하셨다. 겉보기에는 다 같은 폭탄먼지벌레처럼 생겼는데 어떻게 둘을 구분하는지 궁금해졌다. 그래서 탐구 계획을 세워 '남방폭탄먼지벌레'와 '폭탄먼지벌레'가 어떻게 다른지 탐구를 진행해 보기로 했다.

'남방폭탄먼지벌레'는 폭탄먼지벌레'와 어떻게 다를까?		궁금해요!
남방폭탄먼지벌레	폭탄먼지벌레	생김새가 비슷한 '남방폭탄먼지벌레'와 '폭탄먼지벌레'는 어떤 방법으로 구분할 수 있을까?

- '남방폭탄먼지벌레'와 '폭탄먼지벌레'를 생김새를 이용하여 구분할 수 있을까?
- '남방폭탄먼지벌레'와 '폭탄먼지벌레'는 방귀를 뀌는 습성에 어떤 차이가 있을까?

Ⅱ. 탐구 기간 및 장소

1. 탐구 기간: 2016. 5 ~ 2016. 11 (7개월간)
2. 탐구 일정

내용＼월	2016년						
	5	6	7	8	9	10	11
관찰 및 문제 발견	○						
채집 활동	○	○	○	○	○	○	
탐구 주제 정하기	○	○	○				
탐구 내용 설정하기		○	○	○	○		
탐구 활동 실시	○	○	○	○	○		
탐구 내용 보완 및 수정						○	○
탐구 보고서 작성						○	○

3. 관찰 및 탐구 장소: 광주광역시 어등산 일대(저수지 및 논 주변 일대), 화순 만연산 일대, 교실
4. 역할 분담

이름	고○○	이○○	김○○
역할	• 남방폭탄먼지벌레 사전 조사 • 남방폭탄먼지벌레와 폭탄먼지벌레 채집하기 • 탐구 과제 1, 2 리더 • 발표 자료 작성	• 남방폭탄먼지벌레와 폭탄먼지벌레 채집하기 • 남방폭탄먼지벌레와 폭탄먼지벌레 사육하기 • 탐구 과제 3, 4 리더 • 탐구 보고서 작성	• 남방폭탄먼지벌레 사전 조사 • 남방폭탄먼지벌레와 폭탄먼지벌레 사육하기 • 탐구 과제 5, 6, 7 리더 • 탐구 보고서 작성

Ⅲ. 탐구 활동 내용 및 결과

탐구과제 1. 남방폭탄먼지벌레는 어디에 살까?

가. 탐구 방법

1) 2리터짜리 페트병의 윗부분 3분의 1을 잘라 8개를 준비한다.
2) 고등어 등의 생선을 잘게 부셔 페트병 속에 넣는다.
3) 남방폭탄먼지벌레는 어등산 일대의 논과 밭을 중심으로 채집하였다.
4) 폭탄먼지벌레는 만연산 일대의 논과 밭을 중심으로 채집하였다.

▲ 채집을 위한 덫과 재료

▲ 서식지에 놓은 덫

▲ 채집지인 어등산 자락의 논과 밭

▲ 채집지인 만연산 자락의 논과 밭

나. 탐구 결과

▲어등산에서 채집된 남방폭탄먼지벌레

▲만연산에서 채집된 폭탄먼지벌레

날짜	채집된 개체 수	날짜	채집된 개체 수	날짜	채집된 개체 수	날짜	채집된 개체 수
5. 8	1	5. 14	1	5. 23	2	5. 29	4
6. 7	5	6. 15	7	6. 22	6	6. 28	7
7. 3	11	7. 12	12	7. 20	15	7. 27	14
8. 4	18	8. 12	21	8. 21	19	8. 30	17
9. 3	12	9. 11	11	9. 19	8	9. 27	5
10. 2	2	10. 8	0	10. 19	0	10. 28	0

▲ 월별 채집된 남방폭탄먼지벌레 수(어등산)

날짜	채집된 개체 수	날짜	채집된 개체 수	날짜	채집된 개체 수	날짜	채집된 개체 수
5. 8	0	5. 14	3	5. 23	4	5. 29	3
6. 7	7	6. 15	5	6. 22	7	6. 28	8
7. 3	10	7. 12	15	7. 20	13	7. 27	15
8. 4	20	8. 12	19	8. 21	17	8. 30	12
9. 3	14	9. 11	12	9. 19	6	9. 27	3
10. 2	3	10. 8	0	10. 19	0	10. 28	0

▲ 월별 채집된 폭탄먼지벌레 수(만연산)

1) 남방폭탄먼지벌레와 폭탄먼지벌레 모두 8월에 가장 왕성한 활동을 하였다.
2) 남방폭탄먼지벌레는 폭탄먼지벌레와 마찬가지로 고등어와 같은 생선을 잘 먹었다.
3) 8~9월에 걸쳐 활발하게 활동하다가 10월에 들어서자 활동을 하지 않았다.
4) 논둑이나 무덤, 수로 주변 등 습도가 높은 곳에서 살아간다는 사실을 발견하였다.

알게 된 점	남방폭탄먼지벌레와 폭탄먼지벌레 둘 다 주로 여름철에 활동을 하다가 가을이 되면 활동하지 않는다. 가을 무렵 한살이가 끝나는 것인지 추운 겨울 돌 밑 등에서 월동하는지에 관해서는 탐구가 더 필요하다.

탐구과제 2. 남방폭탄먼지벌레는 언제 활동할까?

가. 탐구 방법

1) 어등산과 만연산 논 주변에 덫을 놓아 1시간 간격으로 잡힌 개체 수를 조사하였다.
2) 8월 1일~8월 3일, 각각 1일 간격으로 3차례 조사하여 합계를 구하였다.

나. 탐구 결과

시간 \ 날짜 및 횟수	8.1 1차 채집 수	8.2 2차 채집 수	8.3 3차 채집 수	합계
15시	0	0	0	0
16시	0	0	0	0
17시	0	0	0	0
18시	0	0	1	1
19시	1	1	0	2
20시	2	3	3	8
21시	5	4	6	15
22시	4	5	3	12
23시	3	4	3	10
24시	0	2	0	2
01시	1	1	1	3
02시	0	0	1	1
03시	0	0	0	0
04시	0	0	0	0
05시	0	0	0	0

▲ 시간대별로 채집된 남방폭탄먼지벌레 개체 수 조사표(어등산)

시간 \ 날짜 및 횟수	8.1 1차 채집 수	8.2 2차 채집 수	8.3 3차 채집 수	합계
15시	0	0	0	0
16시	0	0	0	0
17시	0	0	0	0
18시	0	0	0	0
19시	1	0	1	2
20시	3	2	4	9
21시	5	5	7	17
22시	7	5	6	18
23시	5	2	2	9
24시	1	0	1	2
01시	0	0	0	0
02시	1	0	0	1
03시	0	0	0	0
04시	0	0	0	0
05시	0	0	0	0

▲ 시간대별로 채집된 폭탄먼지벌레 개체 수 조사표(만연산)

1) 가장 많이 채집된 시간대(왕성하게 활동하는 시간)는 밤 8~11시 사이로 두 종이 주로 활동하는 시기는 대체로 일치하였다.
2) 남방폭탄먼지벌레와 폭탄먼지벌레는 야행성 곤충으로, 논이나 밭 주변을 돌아다니면서 작은 곤충을 사냥하거나 죽은 동물을 먹는 것으로 보인다.

알게 된 점	남방폭탄먼지벌레와 폭탄먼지벌레는 생김새에 조금씩 차이가 있지만 활동하는 시간대나 먹이 습성 등이 비슷하다는 사실을 알 수 있었다. 그리고 남방폭탄먼지벌레가 서식하는 곳에는 폭탄먼지벌레가 발견되지 않는 것으로 보아 두 개체군이 활동하는 지역이 서로 다름을 알 수 있었다.

탐구과제 3. 남방폭탄먼지벌레의 생김새를 관찰해 볼까?

가. 탐구 방법
1) 남방폭탄먼지벌레와 폭탄먼지벌레의 몸길이를 각각 측정하였다.
2) 남방폭탄먼지벌레와 폭탄먼지벌레의 가슴 윤곽선을 관찰하였다.
3) 돋보기를 이용해 남방폭탄먼지벌레와 폭탄먼지벌레의 딱지날개의 무늬를 관찰하였다.

나. 탐구 결과

 남방폭탄먼지벌레의 가슴 윤곽선	 폭탄먼지벌레의 가슴 윤곽선	남방폭탄먼지벌레와 폭탄먼지벌레를 구분하는 기준은 가슴 양옆을 둘러싼 검은색 줄무늬의 유무이다. 남방폭탄먼지벌레는 검은색의 줄무늬가 있지만 폭탄먼지벌레는 검은색의 줄무늬가 없다.
 남방폭탄먼지벌레의 딱지날개 무늬	 폭탄먼지벌레의 딱지날개 무늬	남방폭탄먼지벌레는 딱지날개에 그려진 황색의 띠무늬의 굴곡이 심한 편이지만 폭탄먼지벌레는 굴곡이 완만한 편이다.

알게 된 점	남방폭탄먼지벌레와 폭탄먼지벌레는 형태상으로 봤을 때 거의 비슷하게 생겨서 동정(생물의 분류학상의 소속이나 명칭을 바르게 정하는 일)하기가 쉽지 않다. 몸길이도 11~18밀리미터가량으로 두 개체 사이에 특별히 다른 점을 찾아보기 어렵다. 하지만 가슴 윤곽선과 딱지날개 무늬의 생김새의 차이를 통해 육안으로 구분할 수 있다.

탐구과제 4. 남방폭탄먼지벌레는 날 수 있을까?

가. 탐구 방법

1) 남방폭탄먼지벌레와 폭탄먼지벌레의 겉날개와 속날개를 관찰하였다.
2) 바닥에 스펀지를 깔고 남방폭탄먼지벌레를 1.5미터 높이에서 떨어뜨려 비행이 가능한지 알아보았다.

3) 남방폭탄먼지벌레와 폭탄먼지벌레 총 5마리를 10회 떨어뜨려 비행하는 횟수를 알아보았다.

나. 탐구 결과

▲ 속날개 관찰 모습

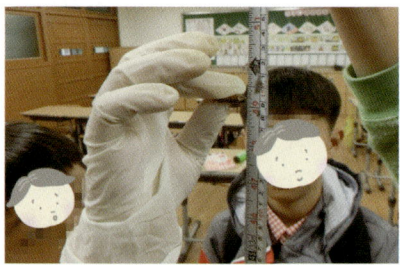
▲ 비행 시험

구분 번호	비행 가능 유무										
	1회	2회	3회	4회	5회	6회	7회	8회	9회	10회	합계
1번	무	무	무	무	무	무	무	무	무	무	○
2번	무	무	무	무	무	무	무	무	무	무	○
3번	무	무	무	무	무	무	무	무	무	무	○
4번	무	무	무	무	무	무	무	무	무	무	○
5번	무	무	무	무	무	무	무	무	무	무	○

▲ 남방폭탄먼지벌레의 비행 시험 결과

구분 번호	비행 가능 유무										
	1회	2회	3회	4회	5회	6회	7회	8회	9회	10회	합계
1번	무	무	무	무	무	무	무	무	무	무	○
2번	무	무	무	무	무	무	무	무	무	무	○
3번	무	무	무	무	무	무	무	무	무	무	○
4번	무	무	무	무	무	무	무	무	무	무	○
5번	무	무	무	무	무	무	무	무	무	무	○

▲ 폭탄먼지벌레의 비행 시험 결과

1) 남방폭탄먼지벌레와 폭탄먼지벌레 모두 부드러운 속날개를 가지고 있었다.
2) 남방폭탄먼지벌레와 폭탄먼지벌레 5마리를 각각 10회 비행 시험을 했으나 모두 비행에 실패하였다.

알게 된 점	보통 딱정벌레과에 속한 곤충들은 딱딱한 딱지날개 속에 부드러운 속날개를 가지고 있는데, 비행을 할 때에는 겉날개가 아닌 속날개를 펼쳐서 비행을 한다. 남방폭탄먼지벌레와 폭탄먼지벌레의 경우에는 속날개가 비행을 할 수 있을 만큼 충분히 길지만 비행을 하지 않는다. 그 까닭은 방귀라는 특수한 방어 수단이 있기 때문일 것으로 여겨진다.

탐구과제 5. 남방폭탄먼지벌레는 얼마나 자주 방귀를 뀔까?

가. 탐구 방법
1) 남방폭탄먼지벌레와 폭탄먼지벌레 성충이 1마리씩 든 사육통을 5개 준비하여 방귀 뀌는 모습을 관찰하였다.
2) 핀셋으로 10분 동안 성충의 몸을 자극해서 방귀를 뀐 횟수를 측정하였다.

나. 탐구 결과

시간(분) 구분	0~10	10~20	20~30	30~40	40~50	50~60	60~70	반응한 횟수
1번	6	1	1	3	1	1	X	13
2번	4	1	1	5	4	1	X	16
3번	8	4	1	4	9	X	X	26
4번	10	3	1	7	1	X	X	22
5번	3	2	1	1	X	X	X	7
합계								84

▲ 남방폭탄먼지벌레 성충이 방귀를 뀐 결과표

구분 \ 시간(분)	0~10	10~20	20~30	30~40	40~50	50~60	60~70	반응한 횟수
1번	8	3	1	3	X	X	X	15
2번	3	2	1	3	3	X	X	12
3번	6	2	0	5	7	1	X	21
4번	8	2	1	4	2	X	X	17
5번	5	1	1	2	1	X	X	10
합계								75

▲ 폭탄먼지벌레 성충이 방귀를 뀐 결과표

1) 남방폭탄먼지벌레와 폭탄먼지벌레는 방귀를 뀐 횟수가 많아질수록 소리나 가스의 양이 적어지는 것을 관찰할 수 있었다.

2) 남방폭탄먼지벌레와 폭탄먼지벌레 각 성충당 연속해서 최대 8회 이상 방귀를 뀐다는 것을 알았다.

3) 남방폭탄먼지벌레는 1시간 동안 성충당 평균 16.6회 방귀를 뀌었고, 폭탄먼지벌레는 평균 15.6회 방귀를 뀌었다.

알게 된 점	남방폭탄먼지벌레와 폭탄먼지벌레는 방귀를 뀌는 횟수를 통해 구분하기는 어려워 보였다. 남방폭탄먼지벌레와 폭탄먼지벌레 둘 다 방귀를 뀌고 나서 1시간이 지난 이후에는 방귀를 뀐 횟수가 급격하게 줄어든다. 이는 방귀를 뀌는 데 필요한 물질이 소모되면, 반응 물질을 다시 만들어 내는 일정한 시간이 필요하기 때문으로 보인다.

탐구과제 6. 남방폭탄먼지벌레는 방귀를 뀌는 방향은 항상 같을까?

가. 탐구 방법

1) 방귀를 뀌는 장면을 카메라로 촬영한 뒤 느린 화면으로 재생시켜 관찰하였다.

2) 먹이를 먹고 있는 동안 핀셋으로 각각 머리, 가슴, 배 부분을 잡았을 때 방귀를 뀌는 방향을 조사하였다.

나. 탐구 결과

횟수 \ 자극 위치	머리	가슴	배
1	배 아래	등 위	등 위
2	배 아래	등 위	배 아래
3	배 아래	배 아래	등 위
4	배 아래	배 아래	등 위
5	등 위	등 위	등 위

▲ 남방폭탄먼지벌레의 자극 부위에 따른 방귀 쏘는 방향 조사표

횟수 \ 자극 위치	머리	가슴	배
1	배 아래	배 아래	등 위
2	등 위	등 위	배 아래
3	배 아래	등 위	등 위
4	등 위	배 아래	배 아래
5	배 아래	등 위	등 위

▲ 폭탄먼지벌레의 자극 부위에 따른 방귀 쏘는 방향 조사표

1) 남방폭탄먼지벌레와 폭탄먼지벌레는 머리 부위를 자극하면 대부분 배 아래쪽으로 배 끝을 향하게 하여 방귀를 뀐다.
2) 남방폭탄먼지벌레와 폭탄먼지벌레는 가슴 부위를 자극하면 주로 등 위나 배 아래쪽 중 한 곳에 방귀를 뀐다.
3) 남방폭탄먼지벌레와 폭탄먼지벌레는 배 부위를 자극하면 주로 등 위쪽을 향하여 방귀를 뀐다.

알게 된 점	남방폭탄먼지벌레와 폭탄먼지벌레는 몸을 자극하는 부위에 따라 방귀를 뀌는 방향이 다름을 알 수 있었다. 하지만 방귀를 뀌는 방향을 통해 남방폭탄먼지벌레와 폭탄먼지벌레를 구분할 수 있는 일반적인 규칙을 발견해 내기는 어려워 보인다.

탐구과제 7. 방귀는 남방폭탄먼지벌레 몸 어디에서 만들어질까?

가. 탐구 방법

1) 남방폭탄먼지벌레와 폭탄먼지벌레 몸을 해부하여 가스를 생성하는 부위를 찾아 관찰하였다.
2) 비커에 100밀리리터의 뜨거운 물과 세제를 섞어 근육질 제거를 쉽게 하였다.
3) 접사가 가능한 카메라로 촬영하여 폭발낭을 관찰하였다.

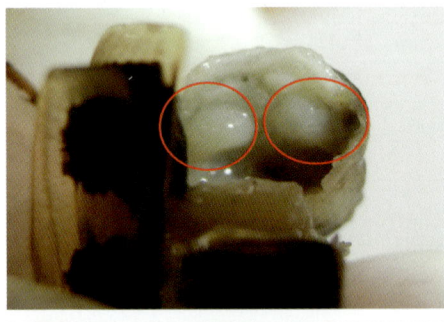

◀ 남방폭탄먼지벌레의 폭발낭으로 추정되는 부분

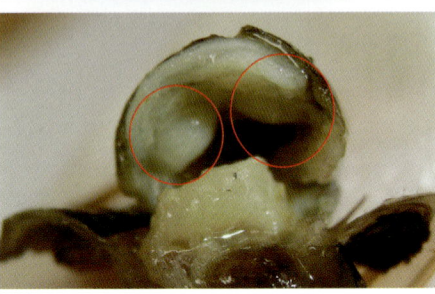

◀ 폭탄먼지벌레의 폭발낭으로 추정되는 부분

나. 탐구 결과

1) 남방폭탄먼지벌레와 폭탄먼지벌레는 방귀를 뀌는 데 필요한 독특한 주머니를 몸속에 지니고 있다.
2) 남방폭탄먼지벌레와 폭탄먼지벌레의 폭발낭 비교를 통해서는 두 종 사이의 차이점을 찾을 수 없었다.
3) 남방폭탄먼지벌레와 폭탄먼지벌레는 각각의 주머니에 폭발에 필요한 물질이 들어 있으며 위협을 받으면 이 두 가지 물질이 서로 반응을 하여 뜨거운 가스를 분출한다.
4) 방귀가 발사되는 과정에서 고온의 열과 소리가 발생하게 된다.

알게 된 점	남방폭탄먼지벌레와 폭탄먼지벌레는 방귀를 뀌는 데 필요한 주머니를 가지고 있다. 천적으로부터 위협을 받으면 주머니 속에 든 물질이 서로 반응을 하여 뜨거운 방귀를 분출한다. 폭발을 일으키는 주머니는 두 종이 천적으로부터 몸을 보호하는 데 매우 유용한 기관임을 알 수 있다.

Ⅳ. 결론

1. 남방폭탄먼지벌레와 폭탄먼지벌레는 딱정벌레목 폭탄먼지벌레과에 속한다.
2. 남방폭탄먼지벌레와 폭탄먼지벌레는 8월에 주로 발견되며, 밤 8시부터 11시 사이에 가장 왕성한 활동을 한다.
3. 남방폭탄먼지벌레와 폭탄먼지벌레는 주로 죽은 동물이나 먹고 살아가는, 생태계의 청소부 역할을 하는 곤충이다.
4. 남방폭탄먼지벌레는 폭탄먼지벌레와 생김새가 거의 비슷해 보이지만 차이가 있다. 남방폭탄먼지벌레는 가슴 양옆에 검은색 줄무늬가 있지만 폭탄먼지벌레는 검은색 줄무늬가 없다.
5. 남방폭탄먼지벌레와 폭탄먼지벌레는 딱지날개에 그려진 황색의 띠무늬의 굴곡이 서로 다르다. 남방폭탄먼지벌레는 황색의 띠무늬의 굴곡이 심하지만, 폭탄먼지벌레는 심하지 않은 편이다.
6. 남방폭탄먼지벌레는 폭탄먼지벌레와는 달리 긴 속날개를 가지고 있으나 비행을 하지는 않는다. 오랜 시간에 걸쳐 방귀를 몸을 보호하는 수단으로 사용하면서 비행하는 실력이 줄어든 것으로 생각된다.
7. 남방폭탄먼지벌레는 위협을 느끼면 배 끝에서 방귀를 내뿜는다. 방귀가 피부에 닿으면 약간의 통증이 느껴지며, 붉은색으로 변하게 된다.
8. 남방폭탄먼지벌레는 1시간 동안 평균 16.6회, 폭탄먼지벌레는 평균 15.6회의 방귀를 뀐다. 방귀를 뀌는 데 필요한 물질이 소모되면 다시 만들어지는 데 일정한 시간이 필요하다.
9. 남방폭탄먼지벌레와 폭탄먼지벌레는 방귀를 만드는 데 필요한 독특한 기관인 2개의 주머니를 가지고 있다. 몸속에 있는 2개의 주머니를 통해서는 두 종 사이의 특별한 차이점을 발견할 수 없다.

Ⅴ. 더 알고 싶은 점

남방폭탄먼지벌레와 폭탄먼지벌레를 탐구하면서 우리 주변에 많은 곤충들이 함께하고 있다는 사실을 알게 되었다. 담임선생님께서는 아직까지 먼지벌레과에 속한 곤충들에 대한 연구가 매우 부족한 상태이고, 종 분류가 되지 않는 종들도 많이 있다고 하셨다. 6학년이 되면 먼지벌레과에 속한 다른 곤충들을 탐구해 보고 싶다. 특히 남방폭탄먼지벌레와 폭탄먼지벌레를 사육하면서 번식 과정을 관찰하지 못했는데, 기회가 되면 각각 두 종 사이의 번식 과정과 알에서 애벌레, 성충에 이르는 한살이가 어떻게 다른지 더 탐구해 보고 싶다.

Ⅵ. 참고 문헌

1. 최춘석, 제48회 전국과학전람회, 뜨거운 방귀를 뀌는 폭탄먼지벌레에 대한 우리들의 탐구
2. 임권일, 곤충은 왜, 지성사, 2017
3. 권오길, 폭탄먼지벌레, 교수신문, 2015

탐구 대회 발표 자료

'남방폭탄먼지벌레'는 '폭탄먼지벌레'와 어떻게 다를까?

- 소속 : ○○초등학교
- 출품팀명 : (이○○, 고○○, 김○)
- 지도교사 :

보고서 요약 설명

남방폭탄먼지벌레와 폭탄먼지벌레의 생김새와 여러 가지 특징을 관찰하면서 두 종이 서로 다르며, 어떻게 구분해야 하는지 알 수 있다. 또한 두 종이 뜨거운 방귀를 만드는 것도 공통 속에 들어 있는 두 개의 방냄에서 만들어지는 성분 때문임을 알 수 있다.

1. 탐구 동기

얼마 전 TV를 보다가 폭탄먼지벌레라는 곤충을 알게 되었다. 공무니에서 폭탄 가스가 나온다는 사실이 매우 인상적이었다. 실제로 우리 주변에서 채집할 수 있는지 아쉽다 나가 보았다. 하지만 폭탄먼지벌레를 찾을 수가 없어, 야행성 곤충이어서 주로 밤에만 활동하기 때문이었다. 평소 곤충과 관련된 지식이 풍부한 담임선생님께 폭탄먼지벌레의 생활사를 여쭈어 보았다. 선생님께서는 폭탄먼지벌레는 남방폭탄먼지벌레와 폭탄먼지벌레 두 종류가 있다고 말씀하셨다. 정보기에는 다 같은 폭탄먼지벌레처럼 생겼는데 어떻게 들을 구분하는지 궁금해졌다. 그래서 탐구 계획을 세워 '남방폭탄먼지벌레'와 '폭탄먼지벌레'가 어떻게 다른지 탐구를 진행해 보기로 했다.

2. 탐구 기간 및 장소

1. 탐구 기간 및 장소
2016. 5~2016. 11(7개월간), 채집 장소 : 광주광역시 아듬산, 최순 만인산 일대(지수지 및 논 주변 일대)

2. 탐구 절차

3. 탐구 내용 및 결과

탐구 과제 1. 남방폭탄먼지벌레는 어디에 살까?

내용	2016년						
	5	6	7	8	9	10	11
관찰 및 채집	○	○	○	○	○		
채집			○	○			
먹이 특성 관찰				○	○		
생태 및 행동 관찰				○	○	○	
보고서 작성						○	○

탐구 과제 3. 남방폭탄먼지벌레의 생김새를 관찰해 볼까?

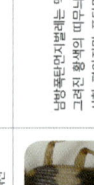

남방폭탄먼지벌레와 폭탄먼지벌레의 가슴 양쪽 가장자리를 구분하는 가장자 가슴 중무늬가 양쪽을 둘러싸 검은색 출무늬가 있다. 남방폭탄먼지벌레는 검은 이다. 남방폭탄먼지벌레와 폭탄먼지벌레는 색이 없다. 남방폭탄먼지벌레는 검은색이 아주 약간 폭탄먼지벌레는 검은색이 좋추나 있다.

남방폭탄먼지벌레는 딱지날개에 그려진 풍성이 딱나비의 굴곡이 심한 편이지만 폭탄먼지벌레는 굴곡이 완만한 편이다.

탐구 과제 4. 남방폭탄먼지벌레는 날 수 있을까?

남방폭탄먼지벌레와 폭탄먼지벌레의 형태상으로 불을 때 거의 비슷하게 동일하다. 몸길이도 11~18밀리미터(mm)가량으로 두 개체 사이에 특별히 다른 점을 찾아가가 어렵다. 하지만 가슴 윗부분에 딱지날개 무늬의 생김새의 차이를 통해 두 종을 구분할 수 있다.

▲ 비행 시험

▲ 실별된 관찰 모습

탐구 과제 6. 남방폭탄먼지벌레는 방귀를 쏘는 방향은 항상 같을까?

자극부위 횟수					
	머리	가슴	등위	배아래	배
1					
2					
3					
4					
5					

자극부위 횟수					
	머리	가슴	등위	배아래	배
1					
2					
3					
4					
5					

탐구 과제 7. 방귀는 남방폭탄먼지벌레 몸 어디에서 만들어질까?

1) 남방폭탄먼지벌레의 독주머니 모습

2) 남방폭탄먼지벌레의 독주머니 차이점을 찾을 수 있다.

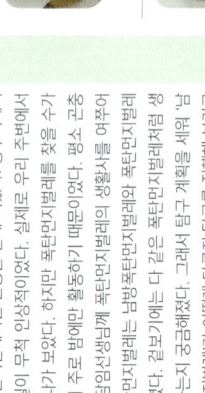

관찰 일지

〈관찰 일지〉 양식은 지성사 블로그(jisungsa.co.kr)의 '안내' 공지에서 내려받으실 수 있습니다.

관찰 일지

날짜	날씨	장소
관찰 대상	관찰 시간	기록자

관찰한 모양 (사진 또는 그림으로 자유롭게 기록해보세요.)

알아낸 사실	궁금한 점

참고한 자료

김성호. 『관찰한다는 것』. 너머학교, 2015.
양은우. 『관찰의 기술』. 다산북스, 2013.

강명식(제29회 전국과학전람회). 솔방울은 어떻게 벌어지고 오므라지는가?
강민구(제52회 전국과학전람회). 생이가래의 형태적 특성과 그 이용에 관한 탐구
강시암(제37회 전국과학전람회). 청개구리 보호색에 대한 연구의 연구
강원규(제47회 전국과학전람회). 진딧물 천적으로서 무당벌레 활용 방안에 관한 탐구
강정구(제53회 전국과학전람회). 왜 공벌레는 건드리면 공 모양으로 변할까?
강홍선(제53회 전국과학전람회). '옆새우는 어떤 생활 습관을 가지고 살아갈까?'에 대한 탐구 지도
고계순(제41회 전국과학전람회). 흰띠거품벌레는 거품을 어떻게 만들며 거품의 역할은 무엇일까?
권순한(제37회 전국과학전람회). 송장헤엄치게는 왜 누워서 잘까?
권오명(제30회 전국과학전람회). 천연기념물 299호 백로류의 기초 자료 조사
김경식(제30회 전국과학전람회). 철새 제비의 관찰
김교숙(제48회 전국과학전람회). 우리 전통주의 맛에 영향을 주는 누룩의 곰팡이에 대한 연구
김기동(제44회 전국과학전람회). 긴호랑거미는 왜 흰띠그물을 칠까?
김기원(제48회 전국과학전람회). 넓적사슴벌레의 사육 및 활용 방안 탐구
김만용(제55회 전국과학전람회). 우리 학교 배수구에 떨어진 솔방울은 왜 닫혀 있을까?
김만용(제57회 전국과학전람회). 꿀벌의 침아! 너는 어떻게 살을 파고 들어가니?
김명기(제59회 전국과학전람회). 늑대거미! 넌 어떻게 태어났니?
김명희(제53회 전국과학전람회). 길앞잡이의 공격에서 살아남는 무당벌레의 비밀에 관한 탐구
김병수(제53회 전국과학전람회). 해캄은 왜 물 위로 떠올랐다 가라앉았다 할까?
김선준(제33회 전국과학전람회). 송장헤엄치게의 움직임에 관한 연구
김성재·박용조(제23회 전국과학전람회). 중대백로(Egretta alba modesta) 및 왜가리(Ardea cinerea)의 생태
김소희(제28회 전국과학전람회). 소금쟁이는 어떻게 해서 물에 뜰까?
김영신(제59회 전국과학전람회). 수생식물인 마름을 먹는 잎벌레의 수면 적응 전략
김영준(제46회 전국과학전람회). 해캄의 생태적 특성 및 생활사에 관한 연구
김유신(제51회 전국과학전람회). 곰개미의 먹이 운반 습성에 관한 우리들의 탐구

김윤주(제58회 전국과학전람회). 뚱뚱이 꿀벌은 조그만 날개로 어떻게 날아다닐까?

김일중(제55회 전국과학전람회). 집게발이 독특하게 생긴 농게가 살아가는 지혜

김정기(제30회 전국과학전람회). 플라나리아의 분포 지역 및 생활 환경 조사

김종규(제40회 전국과학전람회). 은행나무 암수그루는 어떻게 구분할 수 있을까?

김종연(제48회 전국과학전람회). 애반딧불이 유충의 발광 행동에 관한 우리들의 탐구

김진복(제45회 전국과학전람회). 호랑거미의 생활사에 대한 우리들의 탐구

김찬곤(제42회 전국과학전람회). 무당개구리(Bombina orientalis)의 소리 유형별 행동 특성과 집단 포접, 산란 행동

김태윤(제55회 전국과학전람회). '장수풍뎅이를 기르는 데 꼭 수입산 젤리를 이용해야만 할까?'에 대한 탐구 지도

김택렬(제37회 전국과학전람회). 장구애비(Laccotrephes japonensis)에 대한 우리들의 탐구

김택렬(제40회 전국과학전람회). 메추리장구애비(Nepa hoffmanni)의 생태와 생활 환경에 대한 탐구

김형우(제55회 전국과학전람회). 귀여운 무당벌레를 어떻게 하면 잘 키울 수 있을까?

류수진(제57회 전국과학전람회). 소금쟁이가 물에 뜨는 원리를 이용한 수질 측정기

문광연(제41회 전국과학전람회). 한국산 참개구리(Rana nigromaculata)의 행동 특성과 Call 분석 연구

문영배(제46회 전국과학전람회). 큰 은행이 많이 열리는 은행나무 생산 방법 연구

문예선(제55회 전국과학전람회). 장수풍뎅이의 우화에는 번데기 방이 꼭 필요한가?

문혜선(제53회 전국과학전람회). '해캄은 왜 물 위로 떠올랐다 가라앉았다 할까?'에 관한 탐구 지도

민황용·송한모(제57회 전국과학전람회). 마름(Trapa japonica)의 물 환경에 대한 생존 전략

박경옥(제53회 전국과학전람회). 곰개미는 왜 벚나무 잎에서 쉽게 관찰할 수 있을까?

박근출(제27회 전국과학전람회). 산개구리는 왜 물속에서 겨울잠을 잘까?

박병관(제44회 전국과학전람회). 산개구리는 어떤 특성을 갖고 있을까?

박봉하(제11회 전국과학전람회). 갯강구의 사료화

박상배(제54회 전국과학전람회). 장수풍뎅이 사육 조건은 암수 산란 비율에 영향이 있을까?

박석자(제51회 전국과학전람회). 살충 효과가 있는 뿔 달린 가시도꼬마리의 화학적 탐구

박영산(제23회 전국과학전람회). 연잎에는 왜 물방울이 묻지 않는가?

박용우(제55회 전국과학전람회). 사마귀 생태 연구

박용욱·강진선(제52회 전국과학전람회). 보호종인 도롱뇽(Hynobius leechii)의 기형 현상과 독성 물질

탐색 및 배 독성(Embryotoxicity)에 관한 연구

박인홍(제62회 전국과학전람회). 기다림의 사냥꾼 사마귀, 그 앞다리에 숨겨진 비밀

박정희(제55회 전국과학전람회). 게아재비(Ranatra chinensis)호흡관의 구조와 호흡 및 잠수 특성에 관한 연구

박진아(제48회 전국과학전람회). 지혜가 담긴 꿀벌집에 대한 탐구

박현태(제53회 전국과학전람회). 도토리거위벌레는 왜 도토리를 떨어뜨릴까?

배용진·배연식(제32회 전국과학전람회). 동정, 삼가 저수지 상류 피라미 왜소화 현상에 관한 연구

서상훈(제62회 전국과학전람회). 황토와 소금의 첨가에 따른 흰개미집 구조의 실내 환경 개선 효과에 관한 탐구

서영춘(제24회 전국과학전람회). 무당개구리의 한살이

손영완(제55회 전국과학전람회). 플라나리아의 움직임 속에는 어떤 비밀이 숨어 있을까?

송재겸(제54회 전국과학전람회). 고흥만에서 겨울을 나는 국제적인 희귀 조류 노랑부리저어새의 먹이 행동에 관한 탐구

신강주(제29회 전국과학전람회). 가재는 어떻게 살아가나?

신길웅(제27회 전국과학전람회). 마름의 생태 관찰과 식품으로의 이용

신예준(제33회 전국과학전람회). 늑대거미의 알주머니에 관한 연구

신정해(제55회 전국과학전람회). 꿀벌은 휴대폰에 어떻게 반응할까요?

심재석(제51회 전국과학전람회). 연잎과 연밥을 이용한 천연 염료 개발 및 다양한 색상에 관한 탐구

안자상(제49회 전국과학전람회). 생이가래 잎은 왜 수면 위로 뜰까?

양순욱(제48회 전국과학전람회). 청개구리와 참개구리의 보호색은 어떤 환경과 자극에서 잘 변할까?

양정애(제41회 전국과학전람회). 무당거미의 생활과 거미줄에 관한 연구

양호식·이양희(제43회 전국과학전람회). 피라미의 산란 유도 및 사육 방법에 관한 연구

어윤승(제37회 전국과학전람회). 한국산 도롱뇽(H. leechii)의 형태적 변이에 관한 연구

우관문(제16회 전국과학전람회). 일본왕개미는 환경 변화에 따라 어떻게 행동할까?

유도경(제56회 전국과학전람회). 플라나리아의 번식 전략 탐구를 통한 창의적 문제 해결력 형성 지도

유시종(제40회 전국과학전람회). 소금쟁이는 왜 수면에 떠 있을 수 있을까?

유정원(제50회 전국과학전람회). 소금쟁이의 발생 과정과 생태적 특징에 대한 연구

윤관식(제50회 전국과학전람회). 부여군에 서식하는 옆새우의 분포 지역 및 생활 환경 조사

윤영실(제45회 전국과학전람회). 전통 메주 발효에 영향을 미치는 곰팡이에 관한 연구

윤재수(제31회 전국과학전람회). 구리 이온 농도에 따른 참개구리 알 및 올챙이의 성장과정에 대한 분석 연구

윤태호(제27회 전국과학전람회). 가재의 집게다리는 어떻게 재생될까?

이강영(제52회 전국과학전람회). 큰고니가 안전하게 물 위에 내려앉는 이유에 대한 탐구 지도

이길우·김춘식(제25회 전국과학전람회). 황산적능대거미의 생태 및 농약에 의한 저항성 연구

이범렬(제30회 전국과학전람회). 마름은 어떻게 자라며 왜 물 위에 뜰까?

이병호(제52회 전국과학전람회). 한국의 백로류 집단 번식지 분포 지도 및 보전 방안 연구

이상락(제55회 전국과학전람회). 강아지풀 줄기에 숨겨진 비밀 탐구

이석구(제49회 전국과학전람회). 해캄(Spirogyra)의 공간 분포와 이용에 관한 탐구

이석규(제53회 전국과학전람회). 넓적사슴벌레 턱의 형태에 대한 탐구

이순복(제56회 전국과학전람회). 가재는 뒤로 곡선 헤엄을 어떻게 칠까?

이순복(제57회 전국과학전람회). 땅강아지는 어떻게 땅을 파고 들어갈까?

이영근·우근섭(제35회 전국과학전람회). 솔거품벌레의 생태 조사 연구

이영숙(제45회 전국과학전람회). 갯강구(Ligia exotica)의 생태와 번식에 관한 우리들의 탐구

이영하(제54회 전국과학전람회). 가을강아지풀(Setaria faberii Herrm) 이삭에는 왜 물이 잘 맺힐까?

이옥형(제58회 전국과학전람회). 인공적인 길 조건에서 검정색왕개미의 이동 패턴 관찰 및 분석

이장순(제29회 전국과학전람회). 여러 가지 음식물에 핀 곰팡이에 대한 조사 관찰

이재활(제28회 전국과학전람회). 갯강구는 어떻게 살아갈까?

이정수(제56회 전국과학전람회). 생태 환경 요소별 비교 분석을 통한 백로 군락지의 형성 조건 및 관리 방안 연구

이학우(제54회 전국과학전람회). 꿀벌은 어떻게 꽃을 찾아갈까?

이해신(제46회 전국과학전람회). 생이가래가 주변 환경에 미치는 영향 조사

이현숙(제55회 전국과학전람회). 소금쟁이가 물 위에서 뛰는 방법에 대한 탐구

임양환(제53회 전국과학전람회). 큰도꼬마리의 번식에 담긴 비밀 탐구

임양환(제59회 전국과학전람회). 청개구리의 움직임 특성과 발바닥 구조에 관한 탐구

임창두(제46회 전국과학전람회). 플라나리아의 생태와 재생에 관한 연구

장관웅(제44회 전국과학전람회). 농게는 밀물 때 왜 개펄 뚜껑을 닫을까?

전기형(제50회 전국과학전람회). 서산에 도래하는 큰고니(Cygnus cygnus)의 월동 생태에 관한 연구

전미녀(제62회 전국과학전람회). 은행나무 종자의 특성과 종자 발아에 대한 연구

전창식(제53회 전국과학전람회). 거위벌레의 알집 잎말이 과정에 숨겨진 비밀

전창식(제57회 전국과학전람회). 무당벌레의 비행(이륙) 습성에 관한 우리들의 탐구

전태찬(제49회 전국과학전람회). 민물가재는 왜 산속 계곡에만 살아가나?

정옥순·김순형(제43회 전국과학전람회). 꽃잎 무늬에 대한 꿀벌의 행동 반응에 관한 연구

정주헌·홍창선(제35회 전국과학전람회). 거위벌레의 생태 조사

조정만(제33회 전국과학전람회). 제비집에 관한 우리들의 관찰

주광익(제29회 전국과학전람회). 피라미의 색깔은 계절과 온도에 따라 어떻게 달라지는가?

최병훈(제32회 전국과학전람회). 가재는 익히면 왜 색깔이 변할까?

최선미(제53회 전국과학전람회). '도심 속 만월산 하천에는 왜 도롱뇽이 살 수 있을까?'에 관한 탐구 과정 지도

최영분·최인순(제43회 전국과학전람회). 빵의 곰팡이 발생을 억제하는 천연 식품 첨가물에 관한 연구

최점섭(제43회 전국과학전람회). 청개구리는 몸 색깔이 어떻게 변화되어 갈까?

최춘석(제48회 전국과학전람회). 뜨거운 방귀를 뀌는 폭탄먼지벌레에 대한 우리들의 탐구

최춘호(제50회 전국과학전람회). 장수풍뎅이의 행동 특성에 관한 탐구

최현주(제54회 전국과학전람회). 강남 갔던 제비는 다시 돌아올까?

하영일(제54회 전국과학전람회). 제비 보금자리에 담긴 과학적 원리에 대한 탐구 과정 지도

하태북·침진귀(제37회 전국과학전람회). 문화재 목조 건물에 해를 주는 흰개미 생태와 방제에 관한 연구

한만위(제55회 전국과학전람회). 3차원 계측을 통한 무당벌레류 형태적 특징 분석

한은희(제50회 전국과학전람회). 소금쟁이의 생태적 특징 및 움직임에 대한 탐구

황재수(제48회 전국과학전람회). 소금쟁이 발그림자는 왜 둥글까?

찾아보기

ㄱ
가재 152-153
강아지풀 170-171
강진만 23-25, 97
갯강구 208-209
거위벌레 70-71, 128-129
거품벌레 132-133
검은댕기해오라기 24, 25
검은물잠자리 52, 53
게아재비 184-185
곰개미 109
곰팡이 114-115
공벌레 110-111
금강송 87
금개구리 64, 65
기수갈고둥 49
긴호랑거미 84
길앞잡이 36-38
깜둥이창나방 18
꽃매미 88-89
꿀벌 174-175

ㄴ
남방폭탄먼지벌레 163
노랑망태버섯 18
넓적사슴벌레 124-125
노랑발도요 76-77
노랑부리저어새 71-72, 212-213

녹슬은방아벌레 18
농게 204-205
뉴턴 43-44
늑대거미 168-169

ㄷ
다우리아사슴벌레 56, 57, 125
도깨비바늘 130-131
도롱뇽 58, 90-91, 150-151
두꺼비 55
등빨간거위벌레 129
딱정벌레 57
땅강아지 49-50, 160-161

ㄹ-ㅁ
루페 11
마름 192-193
메추리장구아비 187
멧강구 208-209
무당개구리 66-70,
무당거미 164-165
무당벌레 138-139
무자치 62, 63
문어 93
물총새 24, 25

ㅂ

반딧불이 144-145
방게아재비 185
백로 71-72, 75
버니어 캘리퍼스 11
붉은머리오목눈이 24, 25

ㅅ

사마귀 134-135
산개구리 62, 146-147, 68, 69
삵 75
삽사리 136-137
생이가래 196-197
소요산소똥풍뎅이 52
솔방울 120-121
송장벌레 85
송장헤엄치게 52-53, 190-191
쇠백로 210-211
쇠살모사 62, 63
쇠측범잠자리 81-82
십이점박이잎벌레 45

ㅇ

애기세줄나비 38-39
애반딧불이 144-145
애소금쟁이 198-199
양서류 40

에디슨 34
에사키뿔노린재 102
연 188-189
엽낭게 206-207
옆새우 156-157
옴개구리 61, 62
왕귀뚜라미 116-117
왕사마귀 134-135
왜가리 71, 72
유혈목이 63, 67
은행나무 29, 112-113
일본왕개미 108-109

ㅈ

장구애비 186-187
장다리물떼새 24, 25
장수풍뎅이 55-57, 140-141
제비 25, 118-119
주둥이노린재 84
중대백로 211
집게발 95

ㅊ

참개구리 18, 19, 68, 69, 172-173
청개구리 40-41, 178-179
청솔귀뚜라미 117
칠성무당벌레 139

찾아보기 247

ㅋ

큰고니 216-217

큰기러기 24, 25

큰밀잠자리 80

ㅌ-ㅍ

톱다리개미허리노린재 180-181

팔공산밑들이메뚜기 18

폭탄먼지벌레 162-163

플라나리아 148-149

피라미 194-195

필드스코프 11

ㅎ

하루살이류 18

해캄 200-201

황조롱이 24, 25

흑꼬리도요 22-23

흰개미 51, 126-127

흰꼬리수리 24, 25

흰목물떼새 41

흰물떼새 214-215

흰발농게 94-96

흰털논늑대거미 169